人类社会发展到今天所产生的众多民族当中，有一类民族他们聪明、勇敢、精神饱满、毫不怯懦、积极进取，对一切可以改变他们生活状态的外来的新鲜事物，他们都善于包容，学习接受并为我所用。生活居住在中国云南省滇西北"三江并流"核心区域的怒族就是这样的一个民族。

走近中国少数民族丛书
主编/丹珠昂奔

怒 族
Nuzu

李月英 张芮婕 著

辽宁民族出版社

ⓒ 李月英　张芮婕　2014

图书在版编目（CIP）数据

怒族 / 李月英，张芮婕著．—沈阳：辽宁民族出版社，
2014.12（2020.5重印）
（走近中国少数民族丛书 / 丹珠昂奔主编）
ISBN 978-7-5497-0934-2

Ⅰ．①怒…　Ⅱ．①李…　②张…　Ⅲ．①怒族 — 民族历史 — 中国　②怒族 — 民族文化 — 中国　Ⅳ．①K286.3

中国版本图书馆CIP数据核字（2014）第310757号

走近中国少数民族丛书·怒族
ZOUJIN ZHONGGUO SHAOSHU MINZU CONGSHU·NUZU

丛书策划 / 李凤山

出版发行者：	辽宁民族出版社
地　　　址：	沈阳市和平区十一纬路25号　邮编：110003
印　刷　者：	河北锐文印刷有限公司
幅面尺寸：	170mm×240mm
印　　张：	11.5
字　　数：	160千字
出版时间：	2014年12月第1版
印刷时间：	2020年5月第2次印刷
责任编辑：	李凤山　吴昕阳　张学林
封面设计：	杜　江
责任印制：	杨　雪
责任校对：	边京爱

标准书号：ISBN 978-7-5497-0934-2
定　　价：38.00元

网　　址：www.lnmzcbs.com　　　　邮购热线：024-23284335
淘宝网店：http：// lnmz2013.taobao.com
如有印装质量问题，请与出版社联系调换　　联系电话：024-23284340

《走近中国少数民族丛书》编辑委员会

主　编 / 丹珠昂奔（藏族）

副主编 / 武翠英　张学进　李凤山（蒙古族）

编　委 /（按姓氏音序排列）

巴哈提（哈萨克族）	白庚胜（纳西族）	白兰英（蒙古族）
陈　丹（彝族）	杜　江	黄如猛（壮族）
金顺玉（朝鲜族）	李　瑞	李　欣（朝鲜族）
李有明（回族）	吕　怡	莫福山（藏族）
权春哲（朝鲜族）	萨仁图娅（蒙古族）	佟　强（蒙古族）
吴昕阳（满族）	徐　凯	殷德俭
张学林（朝鲜族）	钟廷雄（壮族）	朱　虹（蒙古族）

《走近中国少数民族丛书》作者名录

《蒙古族》 萨仁图娅（蒙古族）

《回族》 许宪隆（回族） 张龙（汉族）

《藏族》 丹珠昂奔（藏族）

《维吾尔族》 艾克拜尔·吾拉木（维吾尔族）
　　　　　　 买力克·买买提（维吾尔族）
　　　　　　 伊利迪尔（维吾尔族）

《苗族》 石莉芸（苗族） 李云兵（苗族）

《彝族》 陈国光（彝族）

《壮族》 黄佩华（壮族）

《布依族》 周国炎（布依族）

《朝鲜族》 黄有福（朝鲜族）

《满族》 于今（满族）

《侗族》 杨筑慧（侗族）

《瑶族》 玉时阶（壮族）

《白族》 董建中（白族）

《土家族》 罗中（土家族） 罗午（土家族）

《哈尼族》 朱志民（哈尼族） 李泽然（哈尼族）

《哈萨克族》 艾克拜尔·米吉提（哈萨克族）
　　　　　　 伊拉达·拉音别克（哈萨克族）

《傣族》 赵瑛（傣族）

《黎族》 罗文雄（黎族）

《傈僳族》 鲁建彪（傈僳族） 欧光明（傈僳族）

《佤族》 郭锐（佤族）

《畲族》 钟亮（畲族）

《台湾少数民族》 林华（台湾少数民族）

《拉祜族》 苏翠薇（拉祜族）

《水族》 韦学纯（水族）

《东乡族》 马兆熙（东乡族） 马自祥（东乡族）

《纳西族》 白庚胜（纳西族） 孙淑玲（汉族）
　　　　　 白羲（纳西族）

《景颇族》 金黎燕（景颇族）

《柯尔克孜族》 阿地里·居玛吐尔地（柯尔克孜族）

《土族》 祁进玉（土族） 东永学（土族）

《达斡尔族》 毅松（达斡尔族）

《仫佬族》 黎学锐（仫佬族） 黎炼（仫佬族）

《羌族》 雍继荣（羌族） 罗吉华（羌族）
　　　　 周发成（羌族）

《布朗族》 陶玉明（布朗族）

《撒拉族》 马成俊（撒拉族） 马建新（撒拉族）

《毛南族》 韩德明（汉族）

《仡佬族》 周小艺（仡佬族）

《锡伯族》 阿苏（锡伯族） 盛丰田（锡伯族）
　　　　　 何荣伟（锡伯族）

《阿昌族》 们发延（阿昌族） 张斯齐（蒙古族）

《普米族》 朱凌飞（汉族） 杨周明（普米族）

《塔吉克族》 西仁·库尔班（塔吉克族）
　　　　　　 阿力木江·西仁（塔吉克族）

《怒族》 李月英（傈僳族） 张芮婕（傈僳族）

《乌孜别克族》 古丽巴努木·克拜吐里（维吾尔族）

《俄罗斯族》 乃珂热曼·依布拉音（塔吉克族）

《鄂温克族》 黄任远（汉族） 那晓波（鄂温克族）

《德昂族》 袁丽华（汉族） 王燕（汉族）

《保安族》 马少青（保安族）

《裕固族》 董潇红（裕固族） 王政德（藏族）

《京族》 吕俊彪（汉族）

《塔塔尔族》 卡米力·库尔马尤夫（塔塔尔族）

《独龙族》 李金明（独龙族）

《鄂伦春族》 王为华（汉族）

《赫哲族》 黄任远（汉族）

《门巴族》 陈立明（汉族） 张媛（汉族）

《珞巴族》 陈立明（汉族） 李锦萍（汉族）

《基诺族》 朱映占（汉族）

总序

中国是一个统一的多民族国家。几千年来，有着悠久历史和灿烂文化的少数民族，与汉族一道，在中华大地上繁衍生息，共同开发着这块土地，建设、发展、捍卫着这个古老而伟大的国家。各民族都是兄弟，相互离不开，都是这个国家的主人。习近平总书记在第二次中央新疆工作座谈会上发表重要讲话，指出："要坚定不移坚持党的民族政策、坚持民族区域自治制度。民族团结是各族人民的生命线。要高举各民族大团结的旗帜，在各民族中牢固树立国家意识、公民意识、中华民族共同体意识，最大限度团结依靠各族群众，使每个民族、每个公民都为实现中华民族伟大复兴的中国梦贡献力量，共享祖国繁荣发展的成果。各民族要相互了解、相互尊重、相互包容、相互欣赏、相互学习、相互帮助，像石榴籽那样紧紧抱在一起。""要在各族群众中牢固树立正确的祖国观、民族观，弘扬社会主义核心价值体系和社会主义核心价值观，增强各族群众对伟大祖国的认同、对中华民族的认同、对中华文化的认同、对中国特色社会主义道路的认同。"因此，坚持平等、团结、互助、和谐的社会主义民族关系，不断增进了解，深化友谊，建立牢不可破的感情基础，是中国社会转型期、改革攻坚期、矛盾多发期保持社会稳定、发展的基本要求，也是实现中华民族伟大复兴的中国梦的基本要求。

为了进一步宣传我国少数民族的历史文化和民族风情，增强对少数民族的认识，宣传党的民族政策和方针，加深对党的民族政策的理解，加强各民族之间的了解与沟通，让读者了解少数民族，中华人民共和国国家民族事务委员会文化宣传司和辽宁民族出版社共同组织了《走近中国少数民族丛书》。

《走近中国少数民族丛书》的编写有以下三个特点：第一，采用图文并茂的形式、鲜活生动的语言、特色浓郁的图片与丰富的民族常识链接，向读者展示我国55个少数民族的历史渊源、民族变迁、社会生活、文化艺术、风俗习惯、历史人物和民族区域自治政策的伟大实践。第二，作者多为本民族的专家学者和与民族研究工作相关的专家学者，对自己撰述的对象既有深厚的知识积累，也有真挚的情感。第三，内容彰显了历史与现实、民族文化与地域文化、民族区域自治地方与散杂居地区少数民族生产生活的多彩画卷和轨迹，引导读者走近少数民族，聆听他们的古老传说，感受他们的发展变化，加深彼此的沟通和了解。这套《走近中国少数民族丛书》是面向民族干部和各级干部通览我国少数民族概况的普及读本，也是图书馆的必备藏书。

《走近中国少数民族丛书》所揭示的每一个民族的历史，都承载着这个民族的文化，也承载着这个民族的发展和未来。中华大地孕育的55个少数民族多彩斑斓的民族文化，同汉族文化一道从远古走到今天，汇入了中华文化壮阔的历史长河。"共同团结奋斗，共同繁荣发展"，保护、传承和弘扬少数民族优秀文化，不仅是推动我国民族团结进步事业的重要内容，也是构建和谐社会、实现中华民族伟大复兴的中国梦的重要使命。期待通过《走近中国少数民族丛书》，使广大读者徜徉于少数民族多彩风情的同时，更加深刻地了解和认知中华民族多元一体的文化内涵，感受中华民族悠久历史的深远与厚重。

丹珠昂奔

2014年6月26日

前言

怒族 环怒江而居

人类社会发展到今天所产生的众多民族当中,有一类民族他们聪明、勇敢、精神饱满、毫不怯懦、积极进取,对一切可以改变他们生活状态的外来新鲜事物,都善于包容、学习接受并为我所用,生活居住在中国云南省滇西北横断山脉"三江并流"核心区域的怒族就是这样的一个民族。怒族也是云南省8个人口较少民族之一,人口仅有31 823人,但他们精力充沛、朝气蓬勃,拥有独特的文化习俗及其社会的多样性。

据史料记载,怒族是包括整个怒江流域最早的原住民之一。从分布上看,怒族主要居住在云南省的泸水、福贡、兰坪、贡山4个县。此外,西藏自治区的察隅县有少量分布。

怒族没有文字,汉字史籍中直至唐代才出现对怒族的记载。宋元以前,由于历代王朝对这一地区的统治不甚深入,故史书上很难找到对怒族源流的明确记载,只能从一些书本中找到一些零星的线索。

从兰坪、福贡等地发现的古人类遗址推断,早在三四千年前,怒江地区就有人类生活。从匹河蜂氏族66代父子连名家谱的史实推断,怒族先民最迟在三国时就已生息在这片土地上了。元朝后,中国古代史籍对怒族的记载开始慢慢由含混转向具体。《大元混一方舆胜览》是最早提及怒族先民群落和他们所居住地域的古籍。书中有这样的描写:"潞江俗名怒江,出潞蛮。"在元朝时,怒族地区属丽江路云龙巨甸军民府和永昌府。明朝初年,钱古训与李思聪所著的描述云贵高原土著人民生活的《百夷传》中,首次使用"怒人"一词,书中写道:"怒人目稍深,貌尤黑,额颅及口边刺十字十余。"这本书对"怒人"的分布、体质特征、生活习俗等都作了简单记载,这些描述都和怒族人们世世代代传承下来的风俗习惯十分吻合。明朝后，纳西族木氏被封为世袭丽江土知府。兰坪、碧江和福贡的部分地区为木氏下属之兰州罗氏土知州管辖，贡山和福贡的部分地区为木氏下属的康普土千总禾娘和叶枝土千总王氏管辖。清雍正元年，废丽江木氏土知府，改设流官，兰坪归属丽江，土知州罗氏迁往兔峨，辖兔峨、碧江等地。1752年，清政府为加强对怒族地区的统治，设置了六库、老窝两个土千总，后又增设卯照土舍、鲁掌土舍、登埂土舍，隶永昌府。福贡、贡山属维西守备厅，隶丽江府，先后受康普、叶枝土司管辖。民国开元后，云南都督蔡锷令李根源向怒江地区派了"怒俅殖边队"，分别进驻知子罗、上帕、菖蒲桶，并建起了3个相应的"殖边公署"，后改为设治局。兰坪、碧江、福贡、贡山4个设治局隶丽江行政专员公署，泸水隶保山行政专员公署。1949年，怒江和平解放后，废设治局，立县人民政府。1954年怒江傈僳族自治区成立，辖兰坪外的4个县。1956年10月1日，贡山独龙族怒族自治县成立。

今天被统称为怒族的群属，人口虽少，族源问题却比较复杂。综合考古发现、史书记载、语言、社会习俗、文化特征、历史传说等不同资料的查证对比，有关专家和本族学者大都认为，有4种不同自称称谓的怒族，主要是由不同源的两个分支来构成的。自称"阿侬"和"阿怒"支系的怒族，就是史书上记载的"面刺青纹，首勒红藤"（余庆远：《维西见闻纪》）的那部分怒族，是与独龙族有同源关系的怒江两岸最古老的土著居民；而自称"怒苏"和"若柔"的这部分怒族则是源于唐代"庐鹿蛮"的一支，是古氏羌族群乌蛮种的后裔，是从碧罗雪山、澜沧江以东地区逐渐迁入怒江的。在漫长的历史发展过程中，土著的"阿侬"和"阿怒"支系和迁徙而来的"怒苏"和"若柔"支系在经济、文化、婚姻等方面相互交往、涵化，最终融合成为一个族群共同体。由于长期的共同生活和文化交往，这些来自不同支的人，在怒江和澜沧江的这片广大区域里，逐渐接近，相互影响和融合。新中国成立后，在民族识别工作开展过程中，经广大怒族人民同意，统一定名为怒族。

几千年来，怒族就一直生息繁衍在这个被誉为"东方大峡谷"的怒江峡谷中，与后来的其他兄弟民族一起，开发着怒江这片神奇而富饶的土地，并且创造了独具特色的民族文化，用自己的鲜血和生命维护了国家的主权及领土完整，为怒江社会经济的发展做了开拓性的工作，在反帝反封建的斗争中做出了难能可贵的贡献。

《走近中国少数民族丛书·怒族》一书向读者展示了生活在"三江并

流"区域的怒族的历史渊源、民族变迁、社会结构、政治组织、经济制度、宗教信仰、人生礼仪、传统科技、文化艺术等的伟大实践，描述了生活在这片神奇土地上的怒族同胞的风情画卷，使广大读者走近和了解他们的文化和生活，加深彼此的沟通，促进各民族的和谐发展，团结进步。

目录

总序 ··· 001

前言 ··· 003

第一章　四个支系　一脉相承 ····································· 011
　族称及其分布 ·· 012
　关于族源的多种学说 ·· 013
　居住地的历史行政区划 ·· 018

第二章　两山一江　物产丰饶 ····································· 021
　高山峡谷处　十里不同天 ····································· 022
　大山深处有宝藏 ·· 024

第三章　峡谷求生　生计多样 ····································· 029
　采集——最原始的生计方式 ··································· 031
　捕捞——怒族人赖以生存的方式之一 ······················· 035
　狩猎——山地怒族的重要生计方式 ·························· 039
　刀耕火种　自耕自食 ·· 045
　分配、交换、分工和消费 ····································· 050

第四章　社会结构　血缘群体 …… 055
婚姻与家庭 …… 056

继嗣与亲属制度 …… 058
家庭血缘群体 …… 060
村落结构与形式 …… 062
社会秩序与习惯法 …… 065
家长奴隶制 …… 067
"平均平等主义" …… 068

第五章　物质生活　衣食住行 …… 071
饮食特色 …… 072
服饰文化 …… 079
住屋形态 …… 084
交通运载 …… 091
通信联络 …… 097

第六章　从生到死　人生仪礼 099
诞生礼 100
成年仪礼 102
婚礼 103
丧礼 104

第七章　节日庆典　竞技游乐 107
节日庆典 108
竞技游乐 114

第八章　宗教信仰　兼收并蓄 121
万物有灵的原始民间信仰 122
外来宗教的传入 125
传统祭祀活动和禁忌 128

第九章　民间艺术　口承文化 135
代代相传的口承语言 136
民间口头文学 139
民间音乐舞蹈 148

第十章　传统科技　智慧灵光 …… 155
自然物候历法 …… 156
民族民间医药 …… 157
符号文字 …… 158
民间手工艺 …… 160

第十一章　社会保障　生活变迁 …… 167
政治制度变迁 …… 168
社会经济变迁 …… 169
社会保障完善 …… 172

参考文献 …… 174
图片提供者 …… 176
后记 …… 177

第一章
四个支系
一脉相承

　　怒族人类起源神话《创世纪》说的是洪水泛滥之后兄妹婚配再造人类的故事：很久很久以前，洪水泛滥，淹没了大地万物，洪水退后，大地上只剩下一对兄妹腊普和亚妞。腊普和亚妞兄妹俩顺应天意结成了夫妻，从此生下了好多孩子，这些孩子就成了怒江大峡谷里各个民族的祖先。

　　这个传说揭示了怒族先民经历了人类洪荒时代，并在漫长的历史进程中，过着采集、狩猎的刀耕火种的生活。

族称及其分布

怒族是云南8个人口较少民族之一，是云南省特有民族之一，是一个跨境而居的民族。据第六次全国人口普查统计，我国怒族人口数为31 823人。

贡山县
阿怒支系

兰坪县
若柔支系

福贡县
怒苏支系

▸ 福贡阿侬支系服饰

怒族主要由自称"若柔""怒苏""阿怒"和"阿侬"的4个支系组成,主要分布在云南省怒江傈僳族自治州的泸水、福贡、贡山、兰坪等4县,迪庆藏族自治州的维西县以及西藏自治区的察隅县等地也有少量分布。他称有"怒人""怒子""怒帕"等,史称"怒人""弩人""怒子"等。自称"若柔"的怒族主要居住在兰坪白族普米族自治县兔峨乡和泸水县鲁掌镇;自称"怒苏"的怒族主要居住在福贡县匹河乡、子里甲乡一带;自称"阿怒"的怒族主要分布在贡山独龙族怒族自治县丙中洛乡、捧打乡、茨开镇及西藏自治区察隅县察瓦龙乡等;自称"阿侬"的怒族主要分布在福贡县上帕镇、鹿马登乡和架科底乡。怒族大多与傈僳族、独龙族、藏族、白族、汉族、纳西族等民族交错杂居。作为一个跨境民族,境外缅甸、泰国、马来西亚等东南亚国家中也有怒族人居住,其中以缅甸联邦共和国北部山区的克钦邦居多。

关于族源的多种学说

怒族先民没有文字,汉字史籍中直至唐代才出现对怒族的记载。唐代樊绰的《蛮书》是最早提及"怒江"一词的史书。宋元以前,由于历代王朝对怒族先民居住区域的统治不甚深入,故此前的史书上也很难找到对怒族源流及其历史沿革的明确记载。

20世纪50年代,云南民族调查组在兰坪、福贡等地怒族聚居的村寨周围，先后发现了古人类遗址以及许多新石器时代的遗物，如磨光石斧、有柄磨光石斧、石锄、石锛、石锥、石镞等。在怒江最上游属怒族阿怒支系的西藏察隅县察瓦龙乡的松塔村和龙普村一带，发现了夹砂陶罐，为葫芦形。在松塔村外河边台地上还出土了呈柳叶形状的石箭头。这些遗址和众多遗物的出土，说明早在三四千年前，怒江地区就有人类在这里生活了。

怒族的夹砂陶罐

从史料记载来看，自唐代樊绰的《蛮书》第一次出现有关怒族的记载后，16、17世纪时，杨慎本的《南诏野史》载：

怒人居永昌怒江内外，其江深险，四序皆燠，赤地生烟，每二月瘴气腾空，两堤草头交结不开，名交头瘴，男子面多黄瘦……

《元史·地理志》卷十三记载：

兰州，在澜沧水之东，汉永平中始通博南山道，渡澜沧水，置博南县，唐为庐鹿蛮部。至段氏时，置兰溪郡，隶大理。元宪宗四年内附，隶茶罕章管民官，至元十二年改兰州。

兰州即为今天的兰坪县。

《元混一方舆胜览》记载：

潞江，俗名怒江，出潞蛮。

这里"潞蛮"系指怒族。明初钱古训、李思聪的《百夷传》一书载："怒人颇类阿昌。蒲人、阿昌、哈喇、哈杜、怒人皆居山巅，种苦荞为生，余则居平地或水边也，言语皆不相通。"，首次使用"怒人"一词。

清代记载"怒人"的史籍更多。雍正年间鄂尔泰等编著的

▲ 西藏察隅县察瓦龙乡怒族寨子松塔村的河边台地

《云南通志》卷二十四载：

怒人，男子发用绳束，高七八寸。妇人结布于发。余与么些同。丽江有之。其在鹤庆府维西边外，过怒江十余日，有野夷名怒子，自古不通中国……

王菘等纂的《云南通志》卷一百八十四载：

怒人以怒江甸得名。明永乐间，改为潞江长官司，其部落在维西边外，过怒江十余日环江而居。

乾隆年间的余庆远在其《维西见闻录》中说：

怒子，居怒江之内，界连康普，叶枝，阿墩子之间，迤南地名罗麦基，接缅甸，素号野夷。

怒族自认为是怒江大峡谷最早的居民，怒江也因怒族沿江居住而得名。但考古发现和史书记载仅仅能说明，怒族是怒江和澜沧江两岸古老的民族之一。

在族源问题上，民族学的一些田野调查研究结果，有助于理清怒族的族源关系。其一，自称"怒苏"的群属通过对父子连名家谱的记忆，可以进行很清晰的阐述，在数十代以前，怒苏人本来是居住在丽江、剑川一带，后逐渐迁到兰坪的澜沧江两岸，最后又进入怒江地区居住。而今天丽江市所属九河乡的地名"龙邑""大格拉""小格拉"，剑川北部的"蟑郎"村，兰坪县"弥洛衣""恩照"等，尚有怒族先民居住过的村寨名称；但以土著

人自居的"阿怒"支系只有创世传说，没有迁徙传说。其二，自称"怒苏"的群属都有起源于一个共同女始祖"茂英充"的传

知识链接 福贡县匹河怒族乡六十四代氏族家谱（父子连名制）

1. 茂英充	2. 充罗并	3. 罗并都	4. 阿都都
5. 都沙波	6. 沙波必	7. 必那扎	8. 那扎郁
9. 郁那比	10. 那比欢	11. 欢民洁	12. 民洁博
13. 博以简	14. 以简喷	15. 喷阔勒	16. 阔我邓
17. 我邓报	18. 报息辽	19. 息辽威	20. 威威秋
21. 秋威山	22. 山壳洛	23. 壳洛希	24. 希麻奴
25. 麻奴今	26. 今狂生	27. 狂生底	28. 底腊马
29. 腊马独	30. 独腊里	31. 腊里瓜	32. 瓜息跃
33. 息跃杯	34. 杯寒该	35. 寒该土	36. 土南亚
37. 南亚巧	38. 巧丙六	39. 六丙夸	40. 阿夸夸
41. 阿林林	42. 林普怎	43. 怎拉马	44. 拉马底
45. 底拉巧	46. 巧卫秋	47. 秋拉汇	48. 汇秋秋
49. 恒布纳	50. 纳号托	51. 四果郁	52. 木簇彪
53. 彪亚怎	54. 怎麦特	55. 特腊阿	56. 阿腊卫
57. 腊俊	58. 腊司	59. 拉卫	60. 拉恒
61. 毫果	62. 者鲁	63. 拉扒	64. 阿纳

贡山新城

◀ 兰坪新城

◀ 福贡新城

说,并保留有从第二代起至今七十多代的父子连名制,以及氏族组织和图腾崇拜等社会组织和文化特征;而自称"阿侬"和"阿怒"的支系却没有父子连名制,氏族组织和图腾崇拜等文化特征也没有"怒苏"支系的突出。其三,史书记载怒子"男女披发,面刺青纹,首勒红藤"的习俗,在新中国成立前的"阿侬"和"阿怒"支系中仍有留存,但"怒苏"支系却没有如此显著的文化特征。其四,"阿侬"和"阿怒"支系的语言、妆扮习俗和有关始祖的神话传说都与独龙族的相关文化特质吻合一致。

泸水新城

居住地的历史行政区划

从中国历代王朝的行政区划来看,怒族曾经迁徙居住和现今生活的区域,西汉时属益州郡,魏晋时属云南郡、西河郡、永昌郡,从8世纪起,先后受云南的南诏、大理政权管辖。大理国时,在兰坪设澜沧郡,后改为兰溪郡,辖兰坪、福贡等地,泸水属永昌府。元时,怒族地区属丽江路云龙巨甸军民府和永昌府。明清以后,无论是在明朝的丽江纳西族木氏土司统治时代,还是在清朝改土归流后设置的丽江府和永昌府内,怒族地区大都受丽江纳西族木氏土知府及其下属的兰州罗氏土知州、维西康普土千

总和叶枝土千总的统治和管辖，怒江北部的部分怒族则受察瓦龙藏族土千总和喇嘛寺的管辖。

辛亥革命后，中华民国政府先后在贡山菖蒲桶、福贡上帕和原碧江县的知子罗建立3个殖边公署，并于1913年在兰坪县的营盘街设立怒俅殖边总局，管理包括怒族在内的怒江各族。1933年，国民党政府又将3个公署改为贡山、福贡、碧江3个设治局，与兰坪设治局一起隶属丽江行政专员公署。而泸水则隶属保山行政专员公署。

1949年，怒江和平解放后，废设治局，立县级人民政府，1956年10月1日，贡山独龙族怒族自治县成立，隶属怒江傈僳族自治州。

第二章
两山一江
物产丰饶

　　生活在闻名遐迩的怒江峡谷的怒族人，得到了大自然独一无二的恩赐。这里因为独特的地理环境，造就了独特的气候：由于海拔落差很大，这里的天气在大家口中成了"十里不同天"，而由于气候差异巨大，也让这片神奇的土地充满了种类各异的"宝藏"。

怒江峡谷是我国也是亚洲最长、最深、最险的大峡谷。怒族即是大峡谷最早的主人。其分布范围大体位于东经98°39′~99°39′，北纬25°33′~28°23′之间。东西最大横距153公里，南北最大纵距320.4公里。

怒江发源于青海省唐古拉山南麓，经西藏流入怒江傈僳族自治州，南北纵贯奔腾，在全州境内流程为316公里。江西和江东，分别是高耸入云、逶迤苍莽的高黎贡山和碧罗雪山，两山脉夹江对峙，海拔高达4 000~5 000米。州境之内北部谷底海拔为1 400米，南部最低为760米，谷底和山峰相对高差在2 000~3 000米，整个峡谷平均坡度在40度以上。怒江峡谷属亚热带山地季风气候，由于南北纵长300余公里，垂直相对高差在2 000~3 000米以上，因而气候的纬向差异，尤其是垂直差异十分显著。

高山峡谷处　十里不同天

怒族人主要分布在怒江峡谷境内。地势北高南低，整个地势由巍峨高耸的山脉与湍急的江河构成。有切割很深的怒江、澜沧江、独龙江三大峡谷山区。其地貌特征可以概括为"四山并耸挺立，三江纵贯割切"。四山即担当力卡山、高黎贡山、碧罗雪山、云岭山脉。四大山脉均为南北走向，北高南低。由于山脉延伸的作用，地势由西北向东南递次倾斜，地处欧亚板块和印度板块的结合部，由于两大板块的不断漂移碰撞，再加上自然造山运动，境内地貌地质结构十分复杂，沟壑相错、叠嶂绝壁，从河谷到山巅，海拔高差达3 000~4 000米。

怒族地区群山绵绵、山高谷深。处于青藏高原的东南部位，属于低纬高原。其气候属亚热带山地季风气候。由于这一地区的大气环流和地理地形的背景，形成了显著的立体气候特点：一是纬度的差异导致气温的差异，北部较冷，中部温暖，南部较热；一是随着海拔的升高而气温逐步下降，高山寒冷，半山温暖，江边炎热。这两种因素互相联系、互相渗透、互相影响，形成同一纬度因不同海拔而气候各异，或者同一海拔因不同纬度而气温不同的现象。但相形之下，气温的垂直差异大于水平差异，形成了

高山峡谷处十里不同天的气候带

显著的立体气候特点。按照不同的海拔，可分为4个气候类型区域。雨季南晚北早，雨量南少北多，干湿南北分明，南北相差甚大。

怒江峡谷的地质结构复杂，地质结构中岩石所占的比重较大，岩石种类多。受自然地形、森林植被及成土母质的影响，境内形成的土壤类型较为复杂。据土壤普查的数据，怒族地区共有11个土类，14个亚类，29个土属，55个土种。沿边三县土壤偏酸，兰坪县土壤偏碱。土壤有机质含量高，钾元素丰富。但多数地区为陡坡耕作，土壤侵蚀较为严重，耕作层浅，石砾较多。其中红壤主要分布于怒江及澜沧江峡谷南段，海拔1 700~2 400米地带；褐红壤亚类，主要分布于南部怒江河谷海拔1 500~1 700米地带；黄壤分布于高黎贡山北面一带，海拔2 000米以下；黄棕壤分布于高黎贡山及碧罗雪山南段，海拔2 400~2 500米地带；棕壤分布于泸水县南部及兰坪县澜沧江南部，海拔2 600~2 900米地带；暗棕壤分布于高黎贡山及碧罗雪山南段，海拔2 900~3 100米、北段2 700~3 300米地带，依次为灰棕森林和高山草甸土；水稻土分布一般在海拔2 000米以下的河谷阶地和半山台地；红壤、黄壤虽属瘦土，但气候雨量适宜，有机质特别丰富，可一年两熟。

特殊的地理特点及气候类型又影响着怒族的民居、饮食、服饰文化等诸方面。

> **知识链接**
>
> **怒江** 发源于唐古拉山南麓，上游叫黑水河，藏语称"拉曲卡"。经西藏自治区的察隅县麻玛洛东进入贡山后，奔腾在高黎贡山、碧罗雪山之间，纵贯贡山、福贡、泸水三个县后流入保山境内。境内流程316公里，流域面积7 906平方公里。
>
> **澜沧江** 发源于唐古拉山北麓，进入云南后，由维西傈僳族自治县的维登流入怒江傈僳族自治州兰坪境内，奔流于碧罗雪山和云岭之间，经大理、保山、临沧、思茅、西双版纳等进入老挝、柬埔寨（称湄公河）注入太平洋。境内流程130公里，流域面积4 317平方公里。
>
> **独龙江** 发源于西藏自治区察隅县，从迪布里流入贡山，上游称克劳洛河，入贡山境后与麻必洛河相汇后始称独龙江。为伊洛瓦底江三大源流之一的恩梅开江上游。境内流程80公里，流域面积1 947平方公里。出境后注入缅甸境内的糯千卡河，再汇入伊洛瓦底江。

大山深处有宝藏

怒族分布地区崇山纵列，江河汇聚。河谷与山巅高差达三四千米，形成了我国著名的怒江大峡谷。由于高山深谷特有的自然条件，又构成了寒、温、热垂直立体分布的不同气候带。这种自然地势的高差和气候的悬殊，又形成了植物生长的垂直分布特点。

植物资源带

江边两岸为阔叶林及栎科植物，山腰多针叶类如松、杉等高大乔木，山巅则仅有苔藓类及草科植物，森林覆盖率为37%。具体看，海拔1 800~2 800米地带，生长着原始的常绿阔叶林群落，其间生长着被国家列入重点保护的珍贵植物：秃杉、贡山三尖杉、澜沧黄杉、大树杜鹃、董棕及光叶珙桐等；海拔1 500~2 000米地区，油料乔木漆树、核桃、油桐树生长旺盛，产量也高；海拔2 800~4 000米的寒温地带，分布着怒江冷杉、华山松、云南

◀ 莽莽大山

松、楠木等20余种建材乔木林；名贵（药用植物）中药材品种共有100多种，虫草、黄连、贝母、天麻、珠子参、胡黄连、厚朴等；县内花卉品种达250多种，仅杜鹃花类就有80多种。

动物资源

茂密的原始森林中栖息着国家一级保护动物有扭角羚、龟云豹、虎、红岩羊、戴帽猿猴、金钱豹、岩羊、山麂子等，国家二级保护动物有大青猴、水獭、大理猫等十余种；爬行动物有银环蛇、青竹标、水獭、短齿蟾、棘肛蛙等；鸟类280多种，其中的白尾红梢红雉、灰腹角雉、红腹角雉、黑鹇等属国家一级保护鸟。

矿藏资源

怒江傈僳族自治州地质结构复杂，成矿条件优越，各种矿产资源富集，种类齐全，是澜沧江、怒江、金沙江成矿带的重要组成部分。其中又以兰坪铅锌矿和贡山大理石的矿藏为最丰富，开发价值巨大。全州矿产资源主要分有色金属和非有色金属两类。有色金属矿有铁、铝、锡、铅、锌、金、银等，非金属矿有云母水晶石、绿柱石、大理石等，其中"贡翠"大理石，其色如翡翠，是贡山大理石的佼佼者。

高黎贡山
药材 ▶

高黎贡山
药材 ▶

高黎贡山
药材 ▶

水能资源

怒江傈僳族自治州水量特别丰富，全州年平均总降水量为286亿立方米，从西藏、迪庆流入的怒江、澜沧江、独龙江年过水量为679亿立方米。全州年总径流量为873亿立方米，相当于全国径流量的3.36%，占云南省径流总量的9.7%。怒族地区不仅水量特别丰富，由于河床落差大，流速快，可开发的水能资源也极为丰富。

全州水能资源蕴藏量达2 000多万千瓦，占云南省水能总蕴藏量的11.6%；可开发的水能资源装机容量为1 774万千瓦。除怒江、澜沧江上可建立大型梯级电站外，怒族地区还有多个支流。如贡山县内因有怒江、独龙江南北纵贯及其流域区内分布着众多的小支流，为全县蕴藏了得天独厚的水能资源。县内大小河流总的径流量约有88.75亿立方米。这些大小河流河床狭小，自然落差大，水流速快，宜建设大中型电站。

自然保护区

怒江傈僳族自治州境内自然保护区有两个，一个是国家级的高黎贡山自然保护区，一个是国家级的怒江自然保护区。两个自然保护区总面积为418 315公顷，占全州面积的28.45%，占全省自然保护区总面积的29.86%。

高黎贡山自然保护区

高黎贡山自然保护区位于云南西部，地处保山、腾冲、泸水三县（区）的结合部，地理位置为东经98°34′~98°50′，北纬24°56′~26°29′。东西宽约9公里，南北长约135公里，面积为12 390公顷。主要保护对象是完整的植被垂直景观和多种多样的森林植被类型及多种珍贵野生动物。保护区内植物种类繁多，裸子植物4种，占世界裸子植物科的1/3；高等植物有150多种、500余属、1 000多种，其中有国家保护的珍稀树种和具有较高经济价值、药用价值的植物。

怒江自然保护区

怒江自然保护区位于横断山脉西部，地理位置为东经98°04′~99°02′，北纬26°23′~28°24′。跨怒江、高黎贡山、担当力卡山。保护对象主要是珍稀濒危植物、特有的森林类型和多种珍稀动物种群。怒江自然保护区处泛北极植物区、中国—喜马拉雅森林植物亚区，地跨两个植物地区。以高黎贡山为界，东为横断山地区，西属东喜马拉雅地区。高山大川、南北纵贯的地形有利于古热带植物区系和泛北极植物区系交汇过渡，因此这里植物成分新老兼备，南北混杂，珍稀植物丰富。特别是保护区内高黎贡山的常绿阔叶林，是云南保存最完整的与东喜马拉雅连成一片的引人注目的原始阔叶林区，是我国模式标本最集中的产地之一。

> **知识链接**
>
> **高黎贡山山脉**　由西藏延伸进入云南省怒江州，山高岭窄，地势十分险峻。最高峰是在滇藏交界处的楚鹿腊卡峰，海拔达4 649米。从楚鹿腊卡向南，山势逐渐下降，到泸水县的吴中山，海拔降到4 000米以下。进入保山地区以后，山势逐渐散开，海拔降至3 000米以下。在怒江傈僳族自治州境内，海拔达4 000米以上的山峰有20余座。
>
> **碧罗雪山山脉**　又称怒山山脉，由西藏境内延伸进入怒江傈僳族自治州内，与高黎贡山东西对峙，南北平行。碧罗雪山山脉海拔比高黎贡山还高。在怒江傈僳族自治州的贡山、福贡境内海拔4 000米以上的高峰亦有20余座。但进入泸水县境内以后，海拔降至3 500米左右。再向南延伸，便逐渐平缓开阔。碧罗雪山山脉纵贯怒江傈僳族自治州全境，山势陡峭巍峨，每当冬春季节，山巅冰雪覆盖，与高黎贡山上的积雪相互辉映，景色极为壮观。

第三章
峡谷求生
生计多样

千年以来,怒族人在怒江峡谷中繁衍生息,他们依靠各种各样的生存技巧,在险恶的环境里生生不息。

除了最原始的采集和普遍的耕种以外,靠水生活的怒族人最拿手的就是捕捞,他们以许多不同的捕捞方式,来获得在他们看来怒江给予他们最珍贵的馈赠。而生活在山中的怒族人,则主要靠狩猎来得到他们的食物和衣服。

艰险的栈道
碧绿的江水

元代以后，我国古史对怒族的记载开始具体起来。明初时期钱古训、李思聪的《百夷传》记载：

怒人颇类阿昌。蒲人、阿昌、哈喇、哈杜、怒人皆居山巅，种苦荞为生，余则居平地或水边也，言语皆不相通。

16、17世纪时，杨慎本《南诏野史》载：

怒人居永昌怒江内外，其江深险，四序皆燠，赤地生烟，每二月瘴气腾空，两堤草头交结不开，名交头瘴，男子面多黄瘦……射猎或采黄连为生，鲜及中寿，妇人披发，红藤勒首。

清代记载"怒人"的史籍更多。余庆远在其《维西见闻录》中说：

怒子，居怒江之内，界连康普、叶枝、阿墩子之间，迤南地名罗麦基，接缅甸，素号野夷。男女披发，面刺青纹，首勒红藤，麻布短衣，男著裤，女以裙，俱跣。覆竹为屋，编竹为垣。谷产麦、黍，蔬菜薯蓣及芋，猎禽兽以佐食。无盐，无马骡，无盗，路不拾遗，非御虎豹，外户可不局。人精为竹器，织红纹麻布，这些不远千里往购之。

这一段论述对怒族的分布、服饰、民风、生产生活状况做了客观翔实的介绍。

史料记载和田野调查结果表明，怒族古代为峡谷狩猎采集、刀耕火种民族。怒族传统经济以农业为主，狩猎、采集为辅，所从事的农业生产也大都以粗放的刀耕火种方式进行，主要种植荞麦和玉米，粮食作物品种比较单一。蔬菜种植和畜牧饲养极少，人们的生活营养补充常以猎射野生动物和采集野生植物来实现。

怒族民间大都栽种火麻、漆树和黄连等经济作物，也从事织"红纹麻布"、编竹器、做木器、烧制陶器和酿酒等家庭手工业的制作和生产，但没有因此形成规模化的专门的家庭手工业和相关经济产业部门，社会分工中也没有分化出专门从事商业贸易的商人。

新中国成立后，特别是十一届三中全会以来，在国家的大力扶持帮助下，随着对外开放与交流的不断扩展深入，科技力量和民众素质的不断提高，怒族地区的产业结构发生了翻天覆地的变化。农业方面，除种植荞麦和玉米等传统农作物外，怒族人还学会了稻谷、大麦、小麦、高粱、籼米、小米、豆类和薯类等五谷杂粮以及青菜、白菜、萝卜、瓜豆、辣椒等蔬菜瓜果的种植，主食和副食种类日益丰富，农作物栽培种植呈多元化发展；畜牧业方面，除了家庭圈养的畜种外，贡山县迪麻洛牧场及福贡县匹河怒族乡引进养殖的良种羊，都以基地开发的形式进行规模化的畜牧业养殖；绿色经济植物的开发种植也是怒族地区极富特色的支柱产业，老姆登茶、油桐、漆树、核桃以及各种药材植物的栽培，正日渐成为当地怒族群众科技脱贫致富的重要途径；以铅锌矿为龙头的工矿企业如雨后春笋般在怒族居住区域茁壮发展；同时，"三江并流"区域的水电开发、旅游业开发等新兴优势产业，也给怒族地区带来了可持续的发展前景。

◀ 怒族人耕种的青稞地

采集——最原始的生计方式

1912年以前，怒族的生产工具多为竹木石器，生产力水平极低，只能以采集渔猎为主的生产方式来维系自身的生存及种族繁衍的需要。而怒族地区极为丰富的动植物资源为怒族先民提供了丰富的生存资源，同时决定了怒族早期以采集渔猎为主的经济类型。

> **知识链接** 采集是人类最早、最普遍的生产活动，伴随着人类的产生而产生。采集是人类以植物为主要对象的生产活动，最初，人类对植物的采集是现采现食的，以后才发展到贮藏加工，继而扩大到对昆虫食物的采集。

居住在怒江峡谷北端的怒族，直到20世纪50年代初，仍把采集作为维系生存的一大食物来源。

采集种类

在怒族生活的区域内，开门就是山，出门就是林，茫茫原始森林中生长着182种石南科、148种兰科、19种淀粉、39种油科、12种芳香油、5种树脂及树胶、23种纤维植物。此外还有许多植物的种属尚未鉴定。正是这些富饶的植物宝藏千百年来一直哺育着一代又一代的怒族人民。

怒族人的采集活动主要由妇女完成

怒族人的采集活动，主要集中在每年的农历二三月到六七月期间，此时正是缺粮的青黄不接时期。

通常，怒族人民大多在春夏之季采集植物的嫩芽、枝叶、花，秋冬季节主要采集植物的果实和块根（茎）。另外，他们还采集一些野生调味品和菌类食用。概括起来，怒族通常采集的主要对象有：

菌类：鸡枞、鸡枞花、一窝鸡、木耳、金耳、银耳、树窝、牛肝菌、羊肝菌、扫帚菌、蘑菇、苞谷菌、青头菌、腊栗菌、鸡油菌、苦荞菌、喇叭菌、虎掌菌、香菌，等等。

野菜类：竹叶菜、竹笋、大百合、小百合、野山药、野芋、野粟、野蒜、野荞、蕨菜。

药材类：黄连、贝母、天麻、三七、何首乌、木香、附子、虫蝼、茯苓、沙参、野苏子。

调味品类：小胡椒、漆子、野八角。

淀粉类：董棕、葛根。

此外，怒族还采集岩蜂、鸟蛋等等。

采集教育

采集教育在怒族的早期社会生活中非常重要。一般地，无论是男孩儿还是女孩儿，只要满三四岁后便能采集一些房前屋后的易辨植物。孩子到了4岁后，母亲便会带着他们去采集一些小而易辨的植物，开始孩子的采集教育，其目的在于照顾孩子的同时，也让孩子学着辨别植物，动手采集，母亲会借此告诉孩子所采的植物哪些能吃，哪些有毒不能吃，以及植物的分布环境，采集的季节时令等等常识。如此，怒族的孩子5岁左右便在成人的教育下成为一个采集小能手了。孩子们从小就掌握了在不同的季节采集不同的对象，掌握了采集植物茎叶的最佳时机，掌握了果实成熟的具体时间，懂得植物应该生吃还是熟吃，甚至懂得某些植物的药用价值。

怒族野菜
——竹叶菜

当然，由于体力等因素，妇女、孩子一般只采集中小型植物，而大型植物如董棕等类则必须由男人去完成，因为这些植物离家远，树型巨大，且又生于高山密林之交通不便处，有一定危险性，故采集这类植物须由男人完成，男孩子一般也要到11岁以后才能跟着成人去完成这类采集活动。

采集工具

怒族人的采集工具很简单也很有特点。主要有尖木棒、竹签、砍刀、木锄等。植物的茎、叶、花、果等通常以手掐摘，用筐背回。而对于块根植物，则要用刀、尖木棒、锄等类工具挖掘。采集这类块根植物，主要由男子完成。

采集回来的植物，大多采回即食，储藏的情况不多。有些块根类植物则要经过一些处理，如浸泡、煮、漂等，达到去毒、去苦、去涩的目的后方可食用。一般说来，这些块根（茎）大多富含淀粉，有较高的食用价值，故怒族人特别喜欢块根类植物，尤其是可以提取淀粉的植物，最具典型的是对葛根、山药和董棕的采集利用。

悬崖峭壁处采集岩蜂

野蜂采集

除了采集植物外，怒族人还采集昆虫类小动物食用，以蜂为典型。

捕捉野蜂是怒族早期社会获得糖类及蛋白质的主要手段之一。寻找野蜂的最佳时节多在秋季，寻到野蜂窝后，只要用草木作个指向蜂窝的记号就表明此蜂窝已有主了。

由于蜂窝都在悬崖峭壁处，采蜂时须胆大心细技高，

> **知识链接**
>
> **葛根粉** 怒族人对葛的利用，通常以其根制作淀粉，以其蔓皮为麻进行编织。利用葛的块根可以提取白色的淀粉，即葛根粉，葛根粉呈白色，具有清凉解热的药用效果。怒族人聚居的地区气候温和，特别有利于葛这种植物的生长。丰富的葛根资源成为他们采集的主要对象。葛根采回来以后，即用长刀把葛根分段砍碎，然后放入石臼中舂捣，使其碎绒，取出以后放入盆中，盛水淘洗数遍滤除粗渣等杂质，待放置数小时后，使其沉淀，便可以在盆底部得到白色粉质的沉淀物，即葛粉。
>
> **山药** 山药富含淀粉，怒族人对山药的食用一般是将野山药挖回后，削除表皮即煮食。如为去涩去苦性，可进行一些浸漂处理，几天以后才食用。
>
> **董棕** 也是早期怒族社会提取淀粉的主要来源之一，董棕属棕榈科植物，树型高大，一般高达20余米，直径在三四十厘米之间，其树髓芯随树龄增大会存留大量的淀粉。提取方法为：用刀将董棕树砍倒，去皮留芯，分段搬运回家，然后将髓芯（董棕茎）切片剁细，用水浸泡，搓揉，淘洗，先滤去粗渣和树皮，再用细布为滤网滤去杂质，然后将淘洗之水沉淀，滗去水分，晒晾后便可以得到成块的淀粉。这种淀粉可烤、可烙、可煮、可蒸，食用极为方便。

且注意保护措施。怒族人针对不同类型的野蜂,其采集的方法、手段也各异。采集岩蜂时,由于岩蜂性情温和,毒性弱,很少主动攻击人,故掏取十分容易,只需用烟不断熏喷蜂窝,蜂群便纷纷避开,这时便可轻易将蜂巢采取到手。而对付土甲蜂,便不那么简单了。在怒族人聚居地带,土甲蜂的体型很大,较大者体长七八厘米,体黑色,尾针甚毒,据说人被该蜂螫一下,就会畏寒畏热,严重者可导致死亡。这种土蜂又被称为百蜂之王,不仅捕食同类,还喜叮死牛、死猪、死狗的肉来喂养幼蜂,所以根据土蜂的这些习性,采集时要求捕蜂手十分警惕。发现并确定了蜂巢后,每个捕蜂手还在身上涂一层厚厚的泥,头手均用棕包严,至深夜时分,捕蜂手们手持茅草、火种、长刀、铁锄等必需工具轻手轻脚潜近蜂巢,把干草点燃后塞入洞穴,并用力往里吹火,烧半小时后,捕蜂人迅速用锄挖开巢穴,取出蜂巢饼,迅速离去。

捕捞——
怒族人赖以生存的方式之一

人类最早的捕鱼方法,是用手捕捉和"竭泽而渔",以后才逐渐用编织物进行捕捞,后来才发展成为专门的捕鱼器具。

◀ 至今仍使用独木舟的怒族人

夹网捕鱼

怒族人世代生息在怒江沿岸,周围又多溪流。受地理因素的影响,怒江及众多河溪流量大、水流急、暗礁岩石多,特别适合鲤科的裂腹鱼和鳅科、鮡科等鱼类生存。

怒江傈僳族自治州区域内鱼类资源丰富异常,为从古至今生存于此的怒族人提供了一个得天独厚的捕捞场所。故捕捞成了怒族人世代留传下来的一种生计方式。

怒族地区捕鱼工具和捕鱼方法主要有如下几种:

夹网

所谓夹网,是因其网面呈凹面,两侧拴竿,使用时竿端放于肩上,提网时双臂有夹的动作,故曰夹网。

夹网的网面宽约1.5米至2米,长2.5米左右。渔网两侧用绳分别系于两根长3米以上的竹竿,令网面凹陷呈勺状,两根竹竿中间靠柄一端系上一条带子,挂于捕鱼者之颈部,带子长度齐腰,双手分别握于左右两侧之竿,竿之外端分别夹于两臂或端放于左右肩上,弯腰将网尽力送向河心,网甩入水中,收竿出水,夹而举之。这种捕鱼方法只宜于小河流或江岸浅水处。怒江的江面窄小,湍急无比,激流险滩甚多,但江水在转弯浅水处大大减慢了流速,故夹网在浅水区派上了用场。

夹网捕鱼

单竿钓捕

长绳钓鱼

又称"串钓"。在江水浑浊的汛期,从山上采来野麻,搓成一根长达五六十米的主钓线,又称"拉绳"。在"拉绳"约占三分之二的一截上,等距地分别绑拴数根或数十根各长六市尺左右的细麻绳,称"钓绳"又称"副钓线",各绳头系鱼钩,套上鱼儿喜食的蚯蚓、幼螳螂、蟋蟀和各种昆虫,在挨近钓绳的拉绳末端,系一大小适中的条形石头,为拉绳沉水石,投掷于沙滩边流速缓慢的江中,把拉绳的另一头绑于岸边的礁石或木桩上,每隔二三小时,便拉拉绳一次,目的是使吞钩的鱼钩得更紧,如此几次,能钓获数尾或十余尾小鲤鱼、扁头鱼、夹盖鱼、鲫鱼和长尾鱼。这种"串钓"方法的特点虽是钓鱼不用竿。

单竿短绳钓捕

用一实心竹竿,顶端系约4米长、如铅笔芯粗麻绳(新中国成立后用尼龙线），绑一小石为坠，再系一细麻绳。拴上钩，套上小虫引诱，投入江边浅水或河中，捕鱼者双手捏握竿，或把竿插于岸边，凭手心触觉，或视竿顶晃动，便知鱼已上钩，遂快速拉竿。此种钓鱼办法，可捕获拇指头粗的各类小鱼。

> **知识链接** **单竿长绳钓捕** 与单竿短绳钓捕方法相同，但用如筷粗数十米长的钓绳，投掷江岸数十米无旋涡石头少的江中，有时一次可钓获重达五六斤的大鱼。

鱼叉戳刺

用坚硬厚竹片，削成尖利的燕尾形为叉头（新中国成立后用铁质），叉是由4个长柄鱼钩状组成分别指向4个方向呈"锚状"。每个叉尖长约20厘米，宽10厘米，尾端紧套一根长2.5米左右的粗硬金竹或雪山实心竹竿为叉柄，便成鱼叉，鱼叉竿尾系上长绳，在江河水清澈季节，捕鱼者持着鱼叉，站立在选定的江湾潭或河中凹潭边的石头上，见鱼游近，便瞄准猛力戳刺，能捕获重六七斤的大鱼。这种鱼叉在鱼较集中的洞穴、礁石、凹潭处均可使用。鱼叉掷出以后，要迅速牵绳后拽，将被尖钩钩住的鱼拖上岸来。

分河岔捕捞

与独龙族相同，即选择地形地段，由数十名男子把河的干流分为数岔，使之变成小溪流，但要用青核桃树叶或青核桃果皮粉末，抛撒入溪流，以木棒搅拌，均匀浸泡漂流，待鱼被辣水刺激惊慌，横游直跃时，捕鱼人便动手抓捕，或用细孔网兜捞捕，在狭窄水口吊挂竹篾斗或竹篮接捞。所捕获鱼，凡参加捕捞者，不论老少，人均一份儿。

长网捕捞

用大针粗麻绳（新中国成立后用尼龙线），织一张长数十米、宽两米左右的网，网的左右两边和前端，穿连一根能使网合拢的粗长拉绳。其一边沿上分别等距地拴数十根短细绳，各绳头系一小条石或小锡砣为坠，选一流速平缓江面，由三四名成年男子，用三四根相连接的龙竹竿，将网顶推进江面，沉入江中，另一绳头绑于岸边短木桩。凡重三斤的各类鱼，一触撞江中飘荡的长网，便被网眼卡住，裹卷于网中。鱼上网后，每隔十来个小时，拉网一次，有时一网一次能捕获三四尾草鱼或鲤鱼、鲫鱼等。

鱼篓捕鱼

怒族的鱼篓是一个杯状的竹编器，纵向以竹条为骨，横向则以竹篾密密缠绕而成，大口端的直径约30厘米，内设有倒刺；小口端约5厘米至8厘米，用于捕鱼和放饵，使用时可用草塞紧，通常高约70厘米。设置时，小口处系一长绳，内放一两块卵石和饵料，用草塞紧小口端，紧牵绳索，奋力将鱼篓抛入江中，这样栖于江底的鱼觅食由大口进入篓中，在倒刺的阻拦下鱼只能进去而出不来。过上一段时间，则用牵绳将鱼篓从江底拖出，提到岸上，拔去草塞将鱼掏出。这种以绳牵鱼篓捕鱼的方法非常奇特，它既不同于平坝水边民族如傣族的捕鱼法，也不同于海边渔民的渔法，它是怒族人民依据本地的江河地理情况发明出来的独创。

撮渔网捕鱼

此种撮鱼法是依据水形地势而发明的。用一张麻织的3米左右的网，网下端折起一段，设石坠；上端则拴一长竿。使用时顺流水放下，抬臂持竿向上游方向撮去，激流中的鱼被撮到以后进入石头窄缝之中而被捕获。

狩猎——
山地怒族的重要生计方式

狩猎是人类最古老的生产方式之一，狩猎和采集、捕鱼一样，给早期人类提供了主要蛋白质营养，不同层次地满足着人类生存和发展的需要。

狩猎的弩弓和箭包

狩猎在早期怒族社会中占有相当重要的地位。怒族人大都居住在沿怒江两岸的高黎贡山和碧罗雪山，海拔1 500~2 000米的山腰台地和缓坡岭岗上，多者以50余户，小者10余户组成一个自然村落，有的以本民族为主形成聚居村，有的则与傈僳族或藏族交错杂居形成村寨。怒族聚落周围生长着茂密的原始森林，还有大片的荒山草坡和灌木丛林地带。其间生栖着虎、豹、狼、熊、野牛、野猪、山驴、马鹿、麂子、岩羊、羚羊、猴子、獐子、野金狗、狐狸、刺猬、穿山甲、飞鼠、鹰、竹鸡、箐鸡、雪鸡、雉、白鹇、山鼠、鸟雀等走兽飞禽。凡此种种的野生动物为怒族先民提供了极为丰富的肉食品资源及毛皮资源。为了维系自身的生存及种族繁衍，每个怒族男子都必须将主要精力用于狩猎活动，以此来获得肉食果腹、毛皮御寒。

> **知识链接** **弩弓** 是在弓的基础上创造出来的。对于怒族人而言，弩弓是一种有较高技术水平且提高劳动生产效率的复合工具，它不仅可以射杀野兽，同时也可以大大减少猎取动物的危险性，并增加了怒族人的生存概率，同时还具备取材容易、制作简单、射击命中率高、携带方便等优点，故一直受到怒族男子的青睐。

狩猎教育

怒族人对男孩子的狩猎教育极为重视，并极其注重传统的传承。弩弓是怒族男子一生中最重要的随身之物。一个男孩儿长到3岁后便能得到父亲亲手为其制作的一把小弩弓。四五岁后，父亲便手把手教其弩弓的使用方法，不停教其练习射击，待孩子长至七八岁后，父亲便有意识地带儿子上山打猎，进行实地训

毒箭

练，并在打猎过程中把各类动物的习性及动物脚印、粪便的辨认等狩猎必备知识传授给儿子。逐渐地，孩子可以独自在部落附近射鸟、飞鼠及其他毫无攻击性的小型动物。当孩子长至10岁后，父亲便把下扣子、挖陷阱、埋毒竹签等猎捕动物的技术知识传授给他们。13岁以后，怒族男孩子们已具备初步的狩猎技术，可参与氏族内的大型围猎活动，但在围猎过程中，不会担负重要的任务。16岁以后，怒族男孩便属成年人了，可以参与氏族内的一切狩猎活动。

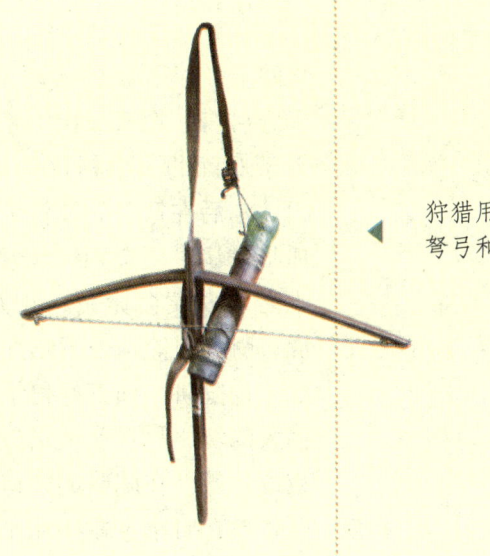

◀ 狩猎用的弩弓和箭包

狩猎技术与工具

狩猎技术主要包括狩猎经验和狩猎工具、方法等方面。怒族人聚居的山区蕴含着丰富的动物资源，为狩猎提供了良好的条件。每个怒族男子均有丰富的狩猎经验，他们非常熟悉动物的生活习性，了解什么季节到什么地方猎捕什么动物。

怒族人的狩猎工具种类很多，有大中小各型弩弓及黑头毒箭、铁头毒箭、白头毒箭、火药枪、长刀、木柄铁叉、木柄铁矛、麻绳网、各式扣子，等等。

捕猎方法

对付不同的动物，怒族人使用不同的捕猎技术手段。如设置暗弩毒箭以猎取虎、豺、熊、豹、狼、马鹿、狐狸等；设置陷阱猎取野牛、野猪、山驴、麂子、羚羊、岩羊等大型野兽；地皮插众矛，在树桩滑脱架上缚吊家畜肉骨来诱猎老熊；造棚捕猎活猴；设置麻绳长网、驱使猎狗，跟踪追赶捕猎麂子、岩羊、野兔；在地上下石板扣以猎取狐狸、麂子、獐子、刺猬、野猫、野兔、山鼠、野鸡、箐鸡、雪鸡、白鹇和各类鸟雀；树上设足扣、颈扣以猎取树鼠、飞鼠、野金狗，等等。

地弩射兽 地弩也称暗弩、伏弩。怒族人的地弩比一般的弩弓要大，杀伤力更强。地弩设置的具体做法是，先在猎物的必经之路上挖一个宽60多厘米，长100厘米，深30厘米的坑，用木桩固定弓身，在弩扳机上系一根轻细而韧性好的麻绳，绳之另一端系于对面的一根树桩上，使绳索拉成直线，并在麻绳上拴上诱饵，尔后在弩弓的箭槽上搭一支铁头毒箭并拉满弓，猎物一旦去抓吃诱饵，便会触绊绳索，牵动扳机，引发毒箭。箭发后，猎物十之八九便会毙命。此方法猎取的对象是惯于夜间活动觅食的虎、豺、狼等。采用此方法可以保证猎人和猎狗的安全。

挖陷阱 侦察好兽情后，在猎物的必经之路上挖一个比猎物稍大的坑，尽量使坑沿近于垂直，视猎物的大小而埋上尖头竹签或毒竹签。在陷阱的开口处零星地搭几根树枝，树枝上用野草盖严，再在野草上撒些泥土以迷惑猎物，伪装好的坑面，与周围环境无二。猎物经过，落入陷阱，便会被竹签所伤而不得出。

布网套猎 一种集体围猎方式。将麻搓扭成指头般粗的绳索，再用绳索编织成约50米长，5米宽的网。网眼似渔网，每眼约15厘米许将网横布于隐蔽而野兽必经之路的两个虚桩上。立好网后，在统一指挥下，上山下洼，各有明确分工，待围猎开始，先是呈扇面形驱兽，逐渐缩小包围圈。猎人有意追赶野兽至立网处，一旦猎物触猎网即被裹捆住，动弹不得。这种围猎的对象主要有鹿、麂子、羚羊等野兽，这些野兽容易受惊，奔跑迅速，猎捕他们有相当难度，故要采取集体围猎的方式。

地皮插矛，高处吊饵术 专猎冬眠苏醒后急于四处觅食的熊。选一棵较粗硬的树，砍去顶梢，留下一个很高的树桩。桩顶砍成凹陷，再取两根长可到顶的直栗树，绑成一人字梯，另架一略短的梯横于桩顶凹陷处，使其可以滑脱倾下。初时要以篾捆绑一下，横梯的另一端绑上狗、狼等动物腐尸，与此同时，在数米方圆地上插满露出地面40~60厘米的四五十根坚硬而锐利的竹签。当老熊嗅到气味寻至时，看到悬吊在树上的动物腐尸，便会爬上人字梯，到达桩顶，走到横杆上吃肉，由于肉被绑住，熊便使出浑身解数拼命撕拉腐尸以致将横梯拉脱，熊连梯砸下坠入矛丛，从而被猎人轻易捕获。

围猎 围猎方法实际上是一种集体性参与的"口袋战术"。猎人们一般选择两面为峭壁，出口为悬崖的地方为围猎的目的地。确定了围猎的地点和范围后，做好准备工作，在一个有经验的猎人指挥下，哪个地段由谁负责都明确分工。围猎开始，猎人们放出训练有素的猎狗四面出击，猎人们手持火把，吹响号角，狂敲竹木器物，吼声震天，并用弩弓、滚木、礌石等击打猎物，吓得猎物惊惶失措，慌不择路，只好沿猎人设计的线路拼命逃跑，当猎物逃到悬崖处就成群地坠崖而亡，猎手下崖寻找猎物而归。

◀ 捕鸟扣

捕鸟扣 扣子捕鸟以连环扣、甩扣、脖扣三种形式最为常见。怒族精于甩扣捕鸟。甩扣是活扣与弹竿配合的扣子，可以设置地上，也可以设在树上。在玉米成熟季节是捕鸟最佳时机。制作鸟扣的具体方法是：首先以一弹性极好的竹竿的下端栽于地上或绑于玉米秆上固定牢固，另一端弯曲，用绳连着成形的竹片，做成套圈，放置到大而饱满的玉米包上，用一竹篾拴紧。当鸟飞来落于玉米上啄撕玉米包皮，便会不知不觉地将头伸入套圈之中，继而啄断拴玉米之竹篾，此时竹片突然放松，弹竿绷直，鸟便被拴住脖子弹挂于竿上而无法逃脱。

石板压兽 在地面上支一三角木杈，并以三角木杈支撑一木制石板，木杈上端放置肉皮之类的饵料，小兽觅食由远而近，一咬饵料，三角平衡受到破坏，石板立即压下，击中小兽。

打棒捕兽 打棒是由凹月形槽和有一定重量的木棒组成，有的木棒打击处还装有尖锐的竹签，以加强杀伤力。凹月槽中段处掏有一个10厘米见方的小孔，装置踩板，踩板与牵绳相连，绳另一端将打棒一头悬起，距地20~30厘米，兽触动踩板后绳即脱，打棒落入凹月槽中击中小兽。使用时，将此装置移至啮齿类动物的必经之地，它们必然沿槽而行，行进中会触动踩板；若兽前行时踩板未滑脱，兽前进后受到悬木落地一端所阻，必即返回，再次踩动踩板，必将绳索滑脱，打棒落下，击中兽。

猎获分配

凡"群猎"猎获的野兽，由谁的弩箭射中毒死，就将兽头、皮和一只后腿分给谁，其余按参加狩猎的人和猎狗，平均每人分一份；不论"单猎"或"户猎"，如猎获到大、中型野兽，都要向本村寨各家各户送一块带骨头的肉，共同分享。每个村寨有二三名公认的好猎手，将兽颅骨和犄角挂于屋内特设的"猎神台"的篾笆上。

兽皮 ▶

"祭猎神"

集体性的出猎，是寨中男子一项集体活动，要求有条件的男子都要加入。"群猎"前由村寨中族长、巫师或其他有威望的著名猎手主持"祭猎神"仪式。同时，他也是这次群猎活动的指挥官。狩猎活动的一切安排均由其负责，参加成员必须绝对服从。出发之前，猎手们除了自备猎具、干粮、水酒之类以外，还要用苞谷面、荞面，根据自己的愿望，捏成虎、野牛、麂子、野猪之类的动物模型。到达猎场以后，大家用竹筒盛满酒，并把各种动物的模型一同放到一棵大树下，跪伏地上，主祭者便领猎队祭祀猎神，共唱《猎神歌》。

猎队唱完猎神歌后，猎人们还要举行弩弓竞射，以卜这次狩猎的结果。猎人们在远离供品数十步远的地方，用弩弓射供品（用面做成各种野兽模型），以此卜问猎神是否愿意给他们猎物。

如猎人射到哪种动物模型就意味着这次能捕到相应的猎物。反之，如射不中目标，则表明这次行动将一无所获。猎人们要么改期再来，要么再祭一次猎神。

> **知识链接** 在祭猎神时，女人是绝对不能参加的。据说若妇女参与此活动，则会触犯猎神，从而捕获不到猎物。也有说若妇女参加祭猎神活动，则会猎捕不到动物，甚至招来灾害。究其原因是怒族的猎神属女性。猎神是女权的化身和遗迹，说明采集渔猎时期应是母系氏族社会，女性在经济生活的地位显然高于男性。

刀耕火种　自耕自食

怒江地区的怒族，中华人民共和国成立前主要从事刀耕火种、轮歇耕作的原始农业，社会生产力水平还很低，表现在生产工具方面，铁制农具虽已占主要地位，但量少质差，且本民族又不会锻制铁器，仅能加工简单的铁工具，因而多数铁制农具只能仰赖于兰坪、云龙、维西等地的汉族和白族商人。概括起来，怒族民间使用的生产工具主要有铁锄、砍刀、点种棒、木锄、竹锄等。

怒族人的竹木点种

生产工具

砍刀 一般长一市尺五寸，宽一寸半，是怒族人民生产生活中的"万能工具"，须臾离不开，所以背砍刀成为怒族男子的一种装束。刀耕火种时用它砍倒树木，日常生活中用它砍柴，修缮房屋时用于砍伐木料，狩猎或作战时是作战武器、自卫武器。

木锄 怒语称"时而奎"，主要用于掘地和薅草。一般是用天然的树桠勾曲部分制作而成，形如鹤嘴，是人类新石器时代后最早使用的原始工具，现已难寻其迹。

竹锄 怒语称"阿俄奎",它是用坚硬的实心竹烘烤弯曲为锄状,用来薅除杂草及点种苞谷掘土之用。

小铁锄 又称"怒尔戈",是锄地的主要工具,在小木锄的尖端包上一块宽约三寸,长约四寸的小铁皮,这种套銎尖形锄,是该区域内最有特点的锄类。

除此之外,怒族的生产工具颇具特色的还有竹木点种棒等。

耕地类型

怒族地区的土地资源,主要有林地、草地和耕地三大类。根据垦种方式的不同,其耕地可划分为火山地、锄挖地、牛犁地和水田四种类型。

火山地 刀耕火种,俗称"砍火山"。火山地,怒语叫"清凉",意即"荒地",它是实行刀耕火种的轮歇地。在农业刚刚发生的时候,全部耕地都是火山地,当时不会也无须翻地,庄稼生长主要依靠天然林木的枯枝败叶积成疏松肥沃的黑土层和林木烧后的灰烬。新中国成立前怒族火山地大多数是只种一年就抛荒了,待树木重新长起来以后再砍种。已经砍种过一次的火山地称为"二荒地"。怒族的"火山地"是从当地的自然生态及山形地势实际出发的。无轮作刀耕火种是纯粹的刀耕,不使用锄犁地,即所谓的"砍倒烧光",实行免耕之法。此举具有保肥的意义。怒族的火山地,有种一年的,也有连续种植两年,

怒族人的刀耕火种

甚至三年的，不过要连种就须采取一些措施，第一是第二年播种前必须翻土；第二是实行轮种，比如第一年撒种旱谷，第二年点种苞谷，同时间种小米、豆类等，第三年撒种荞子等等。这种种植方式，一般是在离村较近的火山地上进行的，这种习惯一直延续到新中国成立后，这实际上正是从火山地向手挖地（锄挖地）转变的一个过渡环节。

由于火山地"不耕不锄不挖"，连续耕上几年后地的肥力自然下降，只有抛荒，以至于有些村庄的火山地已经全部是二茬地了。正是因为可供开垦的林地减少，导致了锄挖地的出现。

锄挖地 怒语叫"夸凉"，意为"挖地"。坡度在45~50度之间，由于坡陡，不便犁耕，只好用锄头挖。锄挖地最初是砍烧后经过加工的土地，播种前要翻挖一通，这些地可以连续种植三五年，地力衰退后仍要抛荒，缓上三四年或七八年再种。

怒族的锄挖地，都是在播前挖一次，入土仅二三寸，往往趁雨后抢挖，挖后即种。怒江峡谷山高、坡陡、石多、土薄，农业垦殖面积极为有限，为了生存，人们不得不去耕种坡度达30~60度的乱石空隙中的零星土地。这种地不可能使用畜力耕作，而只能用锄头挖种，所以叫锄挖地。怒族的铁锄有条锄、板锄和怒锄（称"怒耳哥"）3种，新中国成立前只有怒锄。最小的怒锄锄头仅长约12厘米、宽约6厘米，它适于在站立困难、必须以手攀附才能挖地的陡坡上使用。锄挖地一般耕种3~5年，时间长的耕

锄挖地

七八年，休闲期四五年至十余年不等，较平缓的锄挖地也可长期耕种不休闲。

> **知识链接** 锄挖地和火山地的区别在于前者在播种前要进行翻土和可以在同一利用周期里连种几年。后者属于刀耕农业的范畴，前者属于锄耕农业的范畴。有的学者把火山地称为"刀耕"，把手挖地称为"锄耕"。

牛犁地

房前屋后开辟出菜地自给自足

牛犁地 牛犁地是一种固定性耕地，一般分布在村寨周围，虽然海拔高度不一，但坡度都比较小，大部分不超过40度，土层较厚，土质比较肥沃。在出现犁耕之前，所谓牛犁地实际上就是耕作条件比较好、可以长期使用的锄挖地。

水田 水田在怒族地区出现还不到百年，一般只限于沿江两岸坡度平缓、离水源较近便的冲积扇区及台地。怒江流域的水田

田块不大，梯级很密，分布零散，土层很浅，保水性差。产量虽然较旱地稍高，但不是主要的耕地类型。

除上述四种耕地类型外，有一部分怒族群众还在房前屋后开辟出菜地，用于种植家庭日常消费的菜蔬，如白菜、青菜、葱、蒜、洋丝瓜等，还有一部分怒族群众迄今还没有形成种菜的习惯。菜地间隙、房屋周围则是种植果木之处。

> **知识链接**　**点种棒**　怒族的竹木点种棒是与石斧同样古老的工具，是直接从采集时期经常使用的采掘棒发展而来的。怒语称"甲俄"，又叫"阿冈地申到"，即用一根一米左右的细木棍或细竹竿把一头削尖而成，主要用于比较陡峭的山地耕作播种时戳洞，用完后即丢弃。

怒族地区的农作物种类比较多，怒族的栽培作物有玉米、水稻、小麦、荞、稷、豆类、薯类等。玉米是主要的粮食作物，约占粮食总产量的80%。水果有橙子、柿子、黄果、桃、李子、芭蕉、苹果、梨、花红等。经济作物有甘蔗、油桐、漆树、黄连、芝麻、麻籽、草果、葵花、茶叶等。其中漆树、油桐种植已成规模，经济价值较高，漆油还是怒族群众最主要的食用油。

怒族普遍实行间种、套种和轮种的耕种制度。一般在火烧轮歇地和锄挖地上种植的作物主要有苞谷、旱谷、土豆、荞麦、天灿米、谷子、红薯、蔓菁等。火烧地、锄挖地初垦的头两年里，地力较肥，适合种土豆、苞谷、旱谷等作物，土豆、旱谷、蔓菁多实行分块单种，种植面积也比较小。苞谷种植面广，是最主要的粮食作物，也最适于进行间种和套种。在苞谷地里可以间种和套种的作物有天籼米、谷子、红薯、黄豆等。待到地力减退，行将丢荒时，再种一两年的荞子。为了延长火山地的种植年限，有些地方采取了以下的轮种方式：第一年砍烧后撒播旱稻；第二年点种玉米，同时间种豆类、小米等；第三年撒种荞麦。这里不仅第二、第三年种玉米、苦荞麦前要先挖地，就是第一年撒种旱稻前也要挖一遍地。

牛犁地比较肥沃，适宜种植的作物很多，除主要种植苞谷、小麦、大麦、芋头、甘蔗、稻谷外，还可间种南瓜、山药、豆类等。

水田分布在河谷低地，春夏种水稻，秋冬种小麦，田埂种黄豆等作物。

分配、交换、分工和消费

分配　交换

怒族传统的分配观念和分配制度集中反映出原始平均的特点，主要体现在一些民间习俗的行为准则以及对收获粮食的分配方面。

凡属于个体家庭私有的土地上的产品，归个体家庭所有。以伙有共耕制经营的土地，产品需除去种子投入，所余各家平均分配。采集董棕等大型植物因为需要男子集体合作，因此也实行平均分配。在集体狩猎活动中，猎获物的分配不论大小、多少，都要切割开来实行分配。

狩猎活动是怒族生活中的一个重要组成部分，可单独行动，亦可集体狩猎。怒族人因狩猎活动获取猎物时，除兽皮、头部和一只兽腿归射中野物的猎人所得外，其他参与者或遇见者均可分得一份。若获取到的猎物较庞大，还可以户为单位平均分配到全村；逢年过节宰杀家畜时，要给全村的每户人家送去一份；集体

赶集 ▶

赶集

食用食物时,不论年龄大小,也按人均一份分配;以集中种子、劳动力和生产工具的方式在伙有共耕的土地上耕作收成时,对收获的粮食也大都以户为单位平均分配。

因原始的自然经济一直居于怒族经济的主导地位,怒族的贸易交换不甚发达,传统的交易方式还停留在原始的以物易物阶段。族内进行土地买卖、奴隶买卖或债务抵偿等交易活动以及商定婚姻彩礼时,常以黄牛、铁锅作为计价单位核算。与外族间的"红纹麻布"、手工竹编器物和黄连的交易,也大都为了换取如食盐、铁制农具等一类生活必需品,习惯于采用商品互换的方式来实现交易。直至1929年以后,在原碧江县的知子罗、福贡的上帕等才出现定期的交易集市,银圆、铜币、纸币等货币才开始在怒族地区流通,怒族中也开始出现了一些未脱离农业生产的季节性小商贩。

新中国成立后,国家在怒族地区设立供销合作社、民族贸易公司等机构,大力扶持和发展民族贸易,使怒族群众获得实惠。

改革开放以来,随着商品经济的冲击和市场经济的确立,怒族群众也学会了贸易交往,不但出现了专门从事贸易活动的怒族经理、老板和众多的小商小贩,其中的有些人还建立了自己的企业经济实体。

分工　消费

怒族内部的社会性别分工不明显。劳动上只有男女之间的自然分工:即怒族男子主要从事农业生产、狩猎、捕鱼及编制竹篾器;妇女主要也是参加农业生产,但习惯上不能犁地,仅能做一些挖地、薅草、播种、收获等劳动;此外,承担饲养家畜、织麻纺麻、料理家务、保管粮食等。家庭手工业和商业还没有形成独立的经济部门,因此社会上也尚未形成专业的小手工业者和小商人。

怒族的家庭手工业主要有织麻布、编竹器、做木器、打铁、烧制陶器和酿酒等。织麻的工具都很简单,用一个竹制的纺轮和拈麻线的小手车,一个手巧的妇女每天仅能织约六寸宽的麻布十市尺,主要供给家人自用,如有剩余才拿到市场上去交换。男子自制的木碗、木勺、木凳主要供家用,编织的背篮、竹箩、篾笆、篾溜索除一部分自用外,也用少量作为以物易物的商品进行交换。

直至新中国成立初期,广大怒族地区的社会经济和生产力发展水平都还十分低下,人们经常在衣不蔽体、食不果腹的环境中生存。因此,传统的消费活动主要只有两种情形,一是在逢年过

酿酒也是怒族妇女主要承担的劳动

节、婚丧嫁娶或举行宗教祭祀活动时，以宰杀和食用牲畜的方式来滋补营养；二是集微薄的粮食积存来酿成咕嘟酒和杵酒等酒水饮用。除此之外，基本上没有其他消费项目和消费观念。

新中国成立后，特别是十一届三中全会以来，随着怒族地区社会经济的快速发展和人民物质文化生活水平的不断提高，人们的消费项目和消费观念也在改变，在一定的消费能力下，各类时装、各种电器以及手表、自行车等时尚机械工业产品已步入寻常百姓家。

第四章
社会结构
血缘群体

　　怒族在与其他民族大体相似的社会、家庭结构中,也有一些自己本民族特有的内容。他们长期处在原始的父系氏族公社阶段,以家庭为单位,氏族为纽带,互助团结。在对待社会秩序问题上,也是按照氏族内约定成俗的习惯来决定。

怒族家庭中,男主外,女主内

怒族传统社会结构由婚姻、家庭、亲属制度、社会团体等组成。

婚姻与家庭

婚姻

怒族传统婚姻实行一夫一妻制,旧时,少数怒族头人、富裕户或婚后无子女的也有一夫多妻的现象,西藏的怒族还留存有一妻多夫的遗俗。怒族社会普遍盛行族内婚,但这种族内婚尚存原始群婚制的遗风,保留着亚血缘内婚的显著特点。其婚配范围大都局限在同一氏族乃至同一家族内部,除了禁止同父母所生的亲兄弟姊妹间有婚配行为外,与族内其他具有各种兄弟姊妹关系的男女间或不等同辈分的男女间均可建立配偶关系。

在一夫一妻和族内婚的前提下,怒族的传统婚姻中还普遍流行父母包办、抢婚等习俗。此外,各地的怒族都还普遍保存着"妻兄弟妇"的转房制,即兄死,寡嫂可以转归夫之弟,弟死则弟媳可转为兄之妻,这已成为一种被社会所公认的习俗。而至今依然还留存在贡山怒族中俗称"讨男子"的从妻居婚俗,别有韵味,通过男子出嫁这一俗例,也反映出怒族由母权制进入父权社会的历史尚不久远。

怒族青年男女结婚前社交自由,但婚事要由父母做主。怒族婚姻的缔结一般都要经过恋爱交流、父母请媒说合、求亲、订婚、结婚等过程。恋爱活动大多通过秘密幽会的方式。怒族青年小伙子善弹琵琶,妇女爱吹口弦,在共同的生产劳动和社交活动中,男女青年彼此常用琵琶和口弦作为定情物相互赠送,直到定下姻缘。定情之后,男方须立即请寨子里能说会道、德高望重的老人为媒,到女方家求亲。恋爱订婚聘礼一般多以黄牛来计算,多则3~9头,少则1~2头。在贡山怒族地区,求婚者必须带十碗酒、一把长刀、两缸米酒和一个瓷碗。如女方同意,即倒一碗白酒与媒人共饮以示订婚。怒族认为龙日、蛇日、虎日或羊日是吉祥的日子,因此,婚期大都选择在这些日子来举行。怒族的结婚仪式虽较简单,但家族内部通过婚姻礼仪所保留下来团结互助的古朴遗风却得到生动的体现。按怒族传统的社会习俗,凡属同一村寨居住的人家,不论其亲疏,在婚礼前的一两天,都要选派年轻力壮的男女,到新郎家去帮助料理各项准备工作。婚礼场上,男方以酒肉盛宴款待宾客,主客双方一般都要吟唱三天三夜的《婚礼歌》来祝福新人。按传统规矩,新婚夫妇同居须在婚礼举行的三天后,俗称"回门"的回娘家也在婚后的三天或五天。

新中国建立后,包括婚姻文化在内的整个怒族文化,经过社会主义文化体系不同时期的锻造和发展,发生了巨大的变化。如今,随着怒族地区社会经济的发展,怒族群众文化素养的提高和思维观念的变化,怒族传统婚姻模式中的不良因素得到了根本性的改变。传统的氏族内婚、亚血缘内婚等封闭性婚姻关系,逐步由跨区域的民族内婚、与异民族间的联姻等开放型婚姻所取代;父母包办、抢婚、转房等婚俗婚制日渐式微,或已不复存在。新型的一夫一妻自由恋爱式婚姻已成为社会主流。

家庭

新中国成立前,虽然怒族社区还留存着以父系血缘为纽带的家族公社的某些特点,但父系大家庭早已解体,怒族的家庭组织以核心家庭为主,家庭成员主要由父母及其亲生的子女构成。子

察隅县一户怒族人家

女成年后，女儿外嫁；男子结婚娶媳后，便在父母住房附近另建新屋，与父母分居，重新建立个体小家庭，但小家庭在生产生活上仍然与父母及整个家族保持着共同耕作及相互协助的关系；父母跟从幼子居住，主要由幼子履行赡养父母的义务，因此，幼子家庭一般都为三代同堂的大家庭。历史上和现实中，也曾出现过蓄奴家庭、收养家庭和赘婿家庭，但所占比例极小，未形成主流。

在怒族传统家庭事务中，男主外，女主内的社会分工比较明显。男子居于主导支配地位，是一家之长，主要承担开荒、犁地、砍柴、放牧等重体力生产劳作，并参与狩猎、宗教事务等活动。妇女处于从属地位，除了参与劳动负荷较轻的田间劳作外，主要从事舂米煮饭、织布缝衣、饲养家畜、生儿育女等家务劳动。

继嗣与亲属制度

继嗣

虽然贡山一带怒族中有"讨男子"的从妻居婚姻形态，但"被讨"的男子依然保留和使用自己本家族的姓氏，社会地位也与其他正常娶妻生子的怒族男子一样，因此，这种"讨男子"遗风仅仅是母系制遗风的残余留存。阿怒、若柔和怒苏支系中存在的赘婿上门婚姻和抱养子习俗，也是因为家中有女无儿或绝嗣，为续宗祠香火而出现的。整体上，怒族已完全进入了父权制社会体制，其继嗣制度按男性计算。

继承家庭财产时，男性是财产分配的领导者和受益者。男子婚后分居时，可从父母置下的家产中分到炊具、粮食、生产工具等少量财产。父母死后，所遗土地、牲畜和房屋等家产主要由幼子继承。赘婿和养子享有与亲生儿子同等的继承权。外嫁女儿一般没有财产继承权和分配权，仅有少数富裕人家在嫁女时，会给女儿一份"陪嫁地"。绝嗣家庭的财产一般由绝嗣者的男性血缘近亲继承分配。至今留存在怒苏支系社会家庭中的父子连名谱系，更明显地表露了怒族的继嗣制度是以男性的血统世系来传递的。

亲属制度

怒族的亲属制度和亲属称谓，与怒族传统的父系氏族社会和亚血缘内婚相一致，还保留着浓厚的原始血缘亲族制度。亲属称谓及其所包含的亲属关系，将怒族父权制的特点、母权制的遗风、原始群婚和对偶婚的痕迹一目了然地体现出来。

体现父权制方面。丈夫称妻子为"米"，含有生火做饭之意；称儿媳为"克鲁"，含有剥麻的意思；有的地方在历史上还有将女子称为"木耳"的惯称，意为依附于树上之物。

体现母权制遗风、原始群婚和对偶婚方面。怒语称父亲为"奥朴"，也将凡属父亲兄弟辈的伯父、叔父均统称为"奥朴"。虽然后来出现了"朴茂"（大父）、"朴拉"（中父）和"朴通"（幺父）的专称，但仍习惯于用与亲生父亲相同的称谓来称呼伯父和叔父。同时，"奥朴"之称谓亦可用来称呼母亲之姊妹的丈夫

在怒族的亲属称谓及亲族制度中不可避免地保留着原始亲族制度的痕迹

们,但父亲之姊妹的丈夫们却借用白族语称为"古谋";怒语称母亲为"奥米",凡属父亲之兄弟辈的配偶和母亲的姊妹们,均与生母的称呼一致,被统称为"奥米"。后来也出现了"米茂"(大母)、"米拉"(中母)和"米吞"(幺母)的专称;怒语称母亲之兄弟辈为"奥颇",对舅父的这一称呼是怒族亲属称谓中最为尊敬的;父母称自己的子女为"若",而同胞兄弟姊妹之间或同一祖父的第一代从兄弟姊妹之间,均可互称"在若"或"报屋",意为"生于同一根脐带"的人。

除这些主要的亲属称谓和亲属关系外,据民族田野调查研究数据表明,木古甲寨的怒族亲属制中共有18种亲属称谓和59种亲属关系,而普乐寨的怒族共有21种称谓和70种亲属关系。

从上述亲属称谓中可以看出,虽然怒族在20世纪初即已进入一夫一妻制为主的社会,但氏族和家族组织仍然不同程度地存在着,从而反映在亲属称谓及亲族制度中也就不可避免地保留着原始亲族制度的痕迹。

家庭血缘群体

新中国成立前的怒族传统社会长期处在原始的父系氏族公社阶段,以血缘为纽带的氏族、家族成为怒族社会团体的主要形式。拥有公有土地和各自的氏族长或家族长,互助劳作、共同举行宗教祭祀活动等,是这些氏族和家族团体都具有的共同特征。

由一至两代有直系父系血统关系的个体小家庭所构成的血缘家庭群体,在贡山阿怒支系中被称为"蒂拉"。蒂拉是一种松散的家庭组织结构,部分有少量的火山地和林地作为公产,但它更主要是一种互助单位,生产互助、生活互济往往首先在蒂拉内部展开。

贡山阿怒人把家族称为"的康",怒苏人则称为"谷"。家族一般都有公共的火山地和山林等公产,家族内部各成员对此有相同的权利。家族设家族长,一些地方称之为"阿沙"。家族长不需经过选举,而是由在日常生活中因为睿智、公道、热心公益、善于辞令而众望所归的长者担任,其职责是调解内部纠纷,处理

▲ 宗教仪式活动中，家族长拥有绝对的权威

内外公务，或兼充村社的巫师，主持宗教活动。家族长无特权，自食其力，但可以接受村社成员自愿性的酬答。

家族成员之间有明确的权利与义务关系。(1) 财产关系。人人有维护家族公产和成员私产不外流的义务；火山地可以由成员开垦，但不能私自转让他人；处置私有财产，应当先考虑本家族成员，除非家族成员主动放弃，否则不得外卖；绝嗣户收养养子须经家族同意，而且收养对象应以本家族成员为优先考虑，绝户的私产由家族成员以亲疏关系论继承资格。(2) 互助关系。家族成员在婚嫁、丧葬、建房等活动中有互助的义务；在生产活动中有换工的义务；在生活上有扶贫济困、抚养孤儿、赡养孤寡老人的义务。(3) 一致对外关系。家族成员有彼此提供名誉和生命安全保障的义务；家族成员如受外人欺侮、拐妻、施加人身伤害等，在家族长或其他人出面交涉无果的情况下，即视为对整个家族的侮辱和挑衅，所有家族成员尤其是成年男性都有参加为血亲复仇的义务，逃避责任者将被视为对家族的背叛，轻则受责罚，重则遭驱逐。

此外，怒族也曾保有以血缘为纽带所组成的血族部落，虽然大多已属残存的形式，但仍有明显的部落组织的性质和特征。具

第四章 社会结构 血缘群体 061

有区别于单一氏族的部落组织特征。表现为：各部落集团都拥有两个或两个以上的氏族组织；部落集团均有共同的地域界线；各部落有自己的名称；各部落有自己的语言，这种部落语言在多数场合是本民族的一种方言；各部落有自己的首领；部落内部有共同的宗教信仰和崇拜仪式；遇外族入侵，亲属部落间常缔结联盟，一致对外，以御外侮，等等。

除这些以血缘和地缘的联结作用而构成的社会团体外，怒族民间还有以"公房"来联结的青年男女组织。"公房"一般为建在村寨附近的竹篾茅舍，也可以是村寨周边的天然岩洞。步入青春期的怒族少男少女，大都利用逢年过节或农闲时节，齐聚"公房"进行恋爱交友和择偶活动。

> **知识链接** 氏族、家族（家族公社、亚血缘婚、转房婚）
>
> "氏族"一词，福贡怒语称"提其"，贡山怒语称"勒"，意为源于同一个始祖之后裔。每个氏族都有自己的图腾标志，如原碧江县九村的怒族就是由自称"别阿起"的斗霍蜂氏族和自称"拉起"的达霍虎氏族来组成的；福贡普乐村的怒族也分属"腊老姚"（虎）、"腊蜂姚"（熊）、"腊里姚"（麂子）、"腊乌齐"（蛇）和"腊快姚"（岩）五个氏族。
>
> 家族，怒语称家族为"的康"或"谷"，意指源于同一氏族并具有同一父系祖先血缘关系的后裔群体。随着生产的发展、人口的增加和氏族公社向家族公社的分化，按血缘的亲疏关系，各氏族逐渐分解为若干个以家族为主的社会经济单位。"俄皮谷""俄哈谷""俄则谷"和"俄依谷"四个父系家族就是从斗霍蜂氏族和达霍虎氏族分化出来的；福贡木古甲一带的"仆纳庆"氏族，也分化为"池邦""夏鄂""谷乃比""拉腾""西子里"等五个"的康"。傈僳族进入怒江后，怒族社会在奴隶制、封建制等个体私有经济的影响下，"的康"或"谷"家族又进一步分解为具近亲兄弟关系的"体拉"小家族或独立的个体小家庭。

村落结构与形式

村落是怒族社会中的血缘和地缘统一体，一般由彼此间有血缘关系的十余户至几十户个体小家庭组成。也有部分村寨因为有外来户迁入而杂入少数其他家族的家庭，并逐渐发展成多个家族共居的村社。在民族互动比较频繁的地区，不同家族甚至不同氏

世外桃源的怒族村落

族共居的村落有增多的趋势。不过，不论内部所含家族数目有多少，绝大多数村落一般是单一民族构成，即使在多民族杂居区域，聚族而居的大杂居小聚居的分布格局也不会轻易被打破。这种状况是由村社乃是作为自足的血缘互助单位而存在的特性所决定的。

依据居住地域的土地条件、物产丰厚程度等，怒族的村落可分为大中小三类：大村落一般由几个氏族来构成；中等村落单独由一个氏族内的几个家族来构成；而小村落一般只由一至两个家族来构成。

石片顶房是贡山怒族的传统居屋形式

村落的建立一般要经过占卜选址、搬迁定居等程序。村落之间通常以山岭、梁坳、溪涧河谷、树林等为界。每一个村落内部，各家的住房并非随意而建，而是有一条底线，在建寨之始,就在此立一个木桩,所有房屋必须建于木桩的上方、东方和北方。村落里的各家各户,由于环境所限,相互之间并不是前后挨挤,而是有些稀松,并且房前屋后一般就是自家的菜园或耕地。

村落之间不论是否有血缘上的联系,彼此都是一个相当独立的单位,不会因为建立时间的长短和规模的大小而存在统属关系。每个村社都有自己的头人。在由单一的大家族构成的村落里,家族长同时也是村寨头人;杂姓而居的村社,其头人由各家族或氏族共同推举,头人的基本条件与家族长类似。50多年来,由于国家不断加强对基层政权组织的建设,村社封闭式的传统自治模式已经被打破了,妇女不能参与管理的局面有了很大改观,当选的村主任、社长正逐渐年轻化,他们的知识结构也越来越现代化。但是传统的管理模式依然在发挥效用。

年轻的村社领导者

在传统轨道上运行的村社,其赖以维系的一是家庭之间的家族纽带,二是由家族的权利义务关系扩展而来的村社权利义务关系。尽管人们寻求帮助大多是依血缘关系的亲疏由近及远的,因此村社关系在人们的社会关系中属于比较疏远的一种关系,但是由于怒族村社具有自足性的特点,村社关系往往也就成了人们日常生活最高和最后的保障。

社会秩序与习惯法

怒族社会传统上没有成文法规,调解和裁决各种社会纠纷、协调处理各类社会矛盾时,均按家族、氏族或村社业已约定俗成的民族习惯法来解决。在新中国建立前,这些习惯法在维持社会秩序方面具有不可替代的作用。由于现行法律制度的普及尚需时日,习惯法依然在今日怒族社会生活中扮演着重要角色。被称为"阿沙"的头人或族内宗教神职人员常常是习惯法的组织者和裁决者。以习惯法裁决的常见事例主要有以下几种:

族内宗教神职人员常常是习惯法的执行者

对偷窃行为的裁决

怒族是一个拥有路不拾遗、夜不闭户的良好社会公德的民族,对偷窃行为恨之入骨。族内一旦发生偷盗事件,失主怀疑系某人所为时,双方当事人便请巫师或一中间人为证,以"泼血酒"的方式来裁决认定。若偷窃者被当场抓获,则交由"阿沙"头人处理,一般是责令偷窃者加倍赔偿所失窃之物,严重者则要割掉偷窃者的一只耳朵。

对土地和财产纠纷的裁决

族内成员发生土地、财产继承方面的争执纠纷时,出面公断调解的头人便以当事人陈述理由,头人用竹签或玉米粒计数的方式,按双方陈述理由条数的多少来裁决。若当事双方不服裁决结果,还要以"捞油锅""捞开水""拔火桩"或"喝血酒"的神判方式再行裁决。

对侵犯人身事项的裁决

涉及侵犯人身的事项时，裁决方式一般以偿还实物为惩治手段。若发生人命案，则须赔偿命金，习惯法规定的命金是活牛、干牛（已杀好的牛）各7头，其中干牛可以用其他实物折抵。命金一般不得拖欠支付。还清命金时，由责任方宰杀一头猪款待死者亲属以示慰藉，并由中证人为双方举行简单的和好仪式才算了结。

对婚姻纠纷的裁决

怒族社会很少有离婚现象。偶有离婚时，习惯法规定，若夫方休妻，则由夫家送一头牛给妻子"遮羞"；如妻子主动离婚，则由女方加倍赔偿男方的结婚聘礼。若发生奸情，有的地方要罚奸夫一头牛、一头猪、一只铁三脚架和一瓶水酒即可了事，有的地方则要奸夫赔偿半开银圆9元给奸妇之夫，同时，要奸妇赔给奸夫之妻一串挂珠和一只贝壳用以"掩羞"。若妻子被其他男子拐逃私奔，或由拐逃男方的亲友赔偿原夫活牛、干牛各7头，或由妻方亲属另寻一女子代替并赔一头牛即可。

如今，怒族民间使用习惯法的事例已成为历史，人们的法制观念也在不断加强，随着中华人民共和国相关法律法规的颁布实施和不断完善，在平等的法律面前，人们的一切行为准则及其问题解决方式都以国家法律法规为准绳来履行开展。

> **知识链接** 怒族的禁忌涉及面广，包括生产禁忌、生活禁忌、宗教禁忌、生育禁忌、伦理道德禁忌等，主要表现为：在家居生活场景中，不得用脚踩火塘中的铁三脚架或锅庄石，更不能从火塘上跨过。火塘上方为神位，不能坐人，也不得从这里经过。忌外人进入主人家的卧室；饮食场景中，忌不同辈分者之间、亲兄弟姊妹之间饮"同心酒"。儿童要禁食熊、虎、豺肉，禁食鸡爪、鸡血，妇女在40岁前不吃动物的心、肺部位。怒族中的基督教信徒，礼拜天禁止杀牲，不食动物肉。有些地方忌杀鸡待客；举行宗教活动时，忌女人参加祭祀氏族神灵、龙树、山神等仪式；此外还有忌讳别人踩踏自己的身影、忌女人分娩时男人在场、忌直呼长辈之名字、忌入葬的随葬品中有铁器和塑料，等等。

家长奴隶制

　　家长奴隶制是原始社会末期父权制家庭确立之后所形成的一种家长奴役形式，其主要特征是拥有奴隶的家庭大多是在亲属关系的掩盖下，奴隶以养子养女的形式被当作家庭成员而从事各种生产劳动。

　　18、19世纪，怒族的家长奴隶制开始萌芽。怒族中一些有势力的村寨头人和家族头人效法傈僳族蓄奴主，掳掠或买卖独龙族及傈僳族贫苦农民为奴。20世纪初期，怒族的家长奴隶制进一步发展，奴隶的来源主要有收纳养子和养女、掠夺人口为奴、买卖人口为奴、人身抵债为奴等。怒族的家长奴隶制具有下述特点：

　　其一，亲属关系掩盖下的家内奴隶。由于大部分奴隶都被称为"养子"和"养女"，被主人作为家庭成员看待，因此奴隶具有双重身份，他们既是家庭成员，同时又是劳动的工具，这是区别于奴隶占有制的最主要特点。

　　其二，奴隶既从事田间劳动也从事家务劳动，主人对奴隶可以打骂甚至转卖与他人为奴，但极少发生处死的现象。

　　其三，某些具有养子、养女身份的奴隶在取得主人的信任之后，男奴可以娶妻成家，女奴可以出嫁，男奴甚至可以继承主人的部分财产。这种家庭奴隶一旦成家或继承主人的部分财产之后，即可改变其奴隶的隶属身份而成为自由农民。

　　其四，多数蓄奴户的男女主人均未脱离劳动，并且与奴隶一起从事生产，在劳动关系上他们的身份是大体平等的。

　　其五，蓄奴户多数是富裕农户，但奴隶内部并未产生不同的奴隶等级。

　　其六，奴隶经济尚未形成整个社会生产的基础，不论是占有奴隶的富裕户或中等户，他们都是农业的直接生产者，并且是主要的生产者。

　　由于怒族社会奴隶的数量少，在整个社会生产中的影响不大，更没有力量左右社会生产。因此，在很大程度上仍是家内奴役性质，这是不同于奴隶占有制的主要区别。

1913年，殖边队及行政公署为了打击蓄奴主的残余势力，实行釜底抽薪的办法，下令强制释放了怒江地区的家庭奴隶达千余人，在客观上起到了一定的进步作用。殖边队把这种强制释放奴隶的办法称为"开笼放雀"。从此以后，怒江地区的怒族家长奴隶制基本上被摧毁了。

"平均平等主义"

凡遇村里重大事项，全村老小聚集一块，团结互助

团结互助和"平均平等主义"是怒族人人皆有的传统美德，而这种与怒族的传统社会发展阶段相一致的美德，往往成为怒族日常生活的保障行为。修缮旧居或新建住屋时，全村的怒族人都要来协助修建，或出工出力，或携带茅草、竹篾和木料等建筑材料来帮忙；遇到人生礼仪中的婚丧嫁娶、红白喜事等重大事项时，乡邻和亲友都会主动送来钱财和食物，举全村之力来操办一

家难以承受之事；在种子、劳力或生产工具不足的情形下，人们常以伙有共耕的方式共同劳作和分配收成。同时，怒族民间还有以借地、借牲畜、共养家畜、助耕和换工等互助形式来共渡难关。

◀ 协作建房

知识链接

借地 原始的土地伙有共耕制的一种补充手段，主要在家族及村寨内部成员间进行。缺地或少地户在无法取得足够的耕地时，可以向有地户请求借给少量牛犁地或轮歇地耕种。由借地户出劳力和籽种，收获后分给土地所有者少量粮食即可。借期一般为一年，粮食收获后将土地归还原主。

助耕及换工 春耕或秋收时，请求帮助的人家事先通知亲友或本村寨成员按时帮忙。协作的时间通常为1~2天，参加协作的人数根据需要少则10人，多则20人。通常主人每天只招待助耕者一顿酒饭，较富裕者也有杀猪待客的，此外无别的报酬。有的则以换工的形式还工，如来的人多了，当年还不完，可待来年继续还。

借牲畜 农民之间凡因疾病、丧事缺乏祭品者，可以向亲友借猪、鸡等作为祭品，所借期限一般为半年，多则一年之内一定归还。归还时不附加任何报酬。怒族社会观念认为，对病者和死者的借贷不应该有利息，否则会受到鬼祟的惩罚。

共养家畜 许多农民由于无力单独饲养猪牛羊等家牲畜，就采取"借养""分养"的形式共养家畜。饲料由共养户平均分摊，指定由某户负责饲养，在宰杀牲畜时除了饲养户多得一个头之外，其余部分均按份平均分配。如果是出卖共养的牲畜，所得价款除饲养户可多分得一笔外，其余同样按份平均分配。如果畜产仔，则饲养户可多分到一只幼畜。

协作建房 按照怒族的习惯，无论新建住房或修缮老房都采取互助的方式共同协作修建。如系新建住房，房主必须事先将所需材料准备充足，约定时间邀请本村男子帮助，并选择吉日建盖新房，房屋必须在一天之内建好。凡被邀请前来帮助修建房屋者都要自己携带一捆茅草或木料赠送给房主，房屋修建完毕，由主人招待一顿酒饭，再无其他报酬。

第五章
物质生活
衣食住行

独特的地理气候条件,影响了怒族人生活的方方面面。在饮食习惯方面,因为在山地中生活,怒族人的主食都是山地作物。穿戴方面,由于怒族地区普遍种植麻,所以衣物大都以麻为主。居住形态方面有原始的山洞居住,也有草、木房屋居住。在峡谷中由于交通不便,怒族人民创造了许多独具特色的交通方式,其中"溜索"是最主要也是最为世人所知的交通方式。

饮食特色

明初钱古训、李思聪的《百夷传》一书载:"怒人颇类阿昌。蒲人、阿昌、哈喇、哈杜、怒人皆居山巅,种苦荞为生。"清代余庆远所著《维西见闻纪》载,怒子"猎禽兽以佐食"。

饮食特色

怒族习惯于日食两餐,传统上大都以玉米、荞麦为主粮,兼有少量的稻谷和旱谷。贡山一带怒族因受气候条件和藏族生产生活方式影响,也种植青稞、燕麦,食青稞面和酥油糌粑;兰坪一带则多种水稻,主食以玉米、大米为主。其他食粮还有麦类、旱谷、小红米、稗子、高粱米等。肉食以鸡、猪、羊、牛等家禽家畜为主,并且常以捕鱼和打猎的方式获取鱼类、野牛、野猪、山鼠、麂子、岩羊和山鸡等野生动物来做肉食的补充,也常到山林中采集竹笋、野百合、各种块根类及蕨类植物等野菜辅食。

◀ 怒族人传统饮食——石板烙饼

◀ 怒族人自制的酸奶饮品

新中国成立后,特别是改革开放以来,随着当地农业经济的发展,怒族人学会种植和食用大麦、小麦、高粱、籼米、小米、豆类和薯类等杂粮,青菜、白菜、萝卜、瓜豆、辣椒等蔬菜瓜果也成了日常栽种食用的副食种类,所产佐料有辣椒、野花椒、姜、葱、蒜等。过去怒族人家经常缺盐,盐巴是稀罕之物,须从外地买入。自产的食用油以"漆蜡"

（即漆油）为主，滋补产品有蜂蜜等。总之，怒族人民的物质生活和营养有了很大的提高。

食用方式上，人们习惯于或烧或煮，很少煎炒烹炸，喜饮自酿的粮食酒。玉米砂稀饭、荞米砂饭、肉拌饭、咕嘟饭、石板烤粑粑、漆油焖鸡、俗称"侠啦"的肉酒以及咕嘟酒和杵酒都是怒族饮食中最具传统特色的食物。对玉米的加工食用是怒族民间饮食的一大特色，新鲜的玉米棒子可以或烧或煮而食，晒干的玉米粒可在炭灰中爆成苞谷花食用，玉米粒经舂碓去皮后可做成苞谷砂稀饭和苞谷砂干饭，磨成面后也可做成"咕嘟饭"、苞谷面稀饭和石板烤粑粑来食用。

酒是家家户户常备的饮品，各家各户都能用土法制酒。自制的酒因所用原料不同，又分为苞谷酒、小米酒、高粱酒及杵酒等。苞谷酒、小米酒和高粱酒都是烧制的酒，酒度在四五十度，口感爽辣。此外，在待客的宴席中遇到情投意合之人时，怒族人有与客人喝"同心酒"和"鸡血酒"的习俗，但不同辈分者之

怒族杵酒

进献哈达、以酒迎客是西藏怒族最高规格的待客礼仪

间、亲兄弟姊妹之间忌饮"同心酒"。

凡遇红白喜事、逢年过节等，怒族必以酒迎客待友，且以醉倒客人为自豪。怒族人认为，"无酒不成宴，无酒不待客"。但是，自近代有部分怒族群众信仰基督教后，饮酒之俗已经大为改变。凡信仰基督教的信众，都有不饮酒的习惯。

怒族利用水利之便，家家户户都修建水磨房，用以加工粮食，可节省劳力

怒族的传统炊具主要以竹木为主

怒族过去普遍吸食旱烟。烟锅、烟袋是成年男女日常随身之物，见面的礼仪是相互敬烟。信仰基督教以后，教徒改掉了吸烟的习惯。

怒族一般以柴薪为主要燃料。粮食加工工具主要有脚碓、石磨。在一部分水源比较近的地方，怒族利用水利之便，家家户户都修建水磨房，用以加工粮食，可以节省很多劳力。传统的饮食器具多为自产，有竹筒、竹碗、木勺、竹筷、木制盐臼等。普通家庭的炊具一般只有一口大炒锅、一口饭锅，家家还备有一块烙制粑粑的石板。

风味饮食

在长期的烹饪实践中，怒族人民产生了许多颇有特色的民族风味食品。

侠辣 "侠辣"为怒语，意为肉酒。是怒族人民特别喜爱的一种风味食品。它具有味道鲜美，甜中带辣，口感柔和的特点。同时，它还是怒族滋补身体，强壮筋骨，治疗风湿病、妇科病的上乘进补药膳，它对产妇的伤口愈合及体弱多病者的身体恢复均有特别的效果。故怒族还常用它来招待贵客。一般用鸡肉和上好的烧酒做原料。其烹饪方法是将猎获的各种野生动物或鸡肉砍成二三厘米厚的小块，将锅架在三脚架上，加入漆油或酥油，待油温升至七八成热时，再将肉放入锅中煸炒，至肉皮变黄后将柴退出改用文火，最后将上好的烧酒倒入锅中，盖上锅盖，焖上十来分钟即可。

◀ 传统饮食——侠辣

巩辣 "巩辣"系贡山怒语。"巩"意为鸡蛋，"辣"意为酒。两字合起来的意思是"鸡蛋炒酒"。其制作方法是先将鸡蛋用漆油煎炒后，再将所需的酒倒入锅中烧开即可。其功能与侠辣相似。

琵琶肉 是怒族人民别具风格的食品，吃起来有一股特殊的香味。每年冬腊月过年宰猪时，怒族人民都要腌制"琵琶肉"。原料有花椒粉、胡椒粉、草果粉、盐及烧酒。制作方法是将年猪杀死、去毛。在猪肚上开个口将其内脏、骨头包括脑浆、下巴颏全部剔出，撒上适量的花椒粉、胡椒粉、草果粉、食盐及适量的烧酒，并将所有的原料拌匀，均匀地搓在肉上后用麻线"铁针"将刀口缝合，用一些核桃油将刀口涂一下，再用两根木棍将猪鼻子塞好，用两个核桃把猪耳朵塞好。待腌上五六天以后将小木

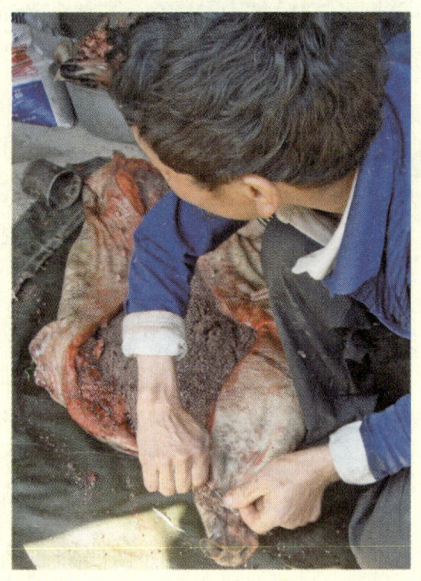

◀ 琵琶肉

棍拔出，将腌肉水从猪鼻中放尽。又放入盐水，待盐水流完后又插上木棍。最后，将这具猪肉放在房檐下或倒挂在屋里，晾干后即可收藏起来，待要吃时按需要割取。琵琶肉属腌肉类，可蒸、可煮、可炒。以此方法腌制的"琵琶肉"可以储存数月到几年而不腐臭，味美肉香。

苞谷稀饭 苞谷稀饭系怒族的一种主食。其制作方法是将晒干的苞谷加适量的清水放入碓中舂成豌豆大小的粒。分别用大孔、小孔的筛子将苞谷皮筛去。苞谷砂放在一边，苞谷面放在另一边。大粒的苞谷砂一般用来煮稀饭，较细的粒及面用来蒸饭。煮苞谷砂稀饭的方法是将苞谷砂放入铁锅内（最好用土锅），加入足够的水，用文火煮一两个小时即可。吃时以辣子或豆豉等佐食。如将猪脚、排骨、腊肉或火腿等混着苞谷砂一起煮，其味道更美。

苞谷砂

咕嘟饭 咕嘟饭因在其制作过程中有咕嘟咕嘟声而得名。一般用玉米面或荞面煎煮而成，它属稀饭类，其制作方法是先烧开一锅水，并舀去一半作回锅水后将苞谷面倒入锅中，盖上锅盖，稍焖片刻后揭开锅盖，将苞谷面搅匀，成糊状，再倒入另一半回锅水焖一下，再开盖搅拌。就这样焖了又拌，拌了又焖，反复几次拌熟成胶泥状即可。

荞米饭 荞米饭的加工方法是将晒干的荞子用开水泡至破皮时，捞起晾干后放入碓中加入少量的温水舂。只需将荞子舂了脱皮后，就可用筛子将荞皮筛去，剩下的就是荞米。荞米既可煮成干饭也可煮成稀饭，其制作方法与苞谷稀饭相似。

扁米饭 扁米饭的制作方法是将刚刚成熟但还未收割的稻谷或苞谷摘来，放在锅中焙干炒熟后，再将这些炒熟的苞谷或稻谷放进碓里舂一舂，将皮用筛子筛掉即可食。这种食品系零食，为怒族尝新的方式之一。

石板烙饼 怒族称"龙布拉快"，意为石板烤粑粑。"龙布拉"这种石头产于贡山县的秋那桶。该石呈浅黑色，具有传热快、柔韧性能好、保温性能好的特点，它可用钉钉，也可用刀砍斧削而且不会伤及刀斧。因此，加工起来很方便。怒族家中使用的"龙布拉"的直径一般在60厘米左右，厚2~3厘米，椭圆形。由于"龙布拉"易于加工，故怒族人民常将其按需要加工成大小不等的圆板。石板烙饼的制作方法也较简单。制作步骤是：首先将石板架于铁三角上用火烧烤，并在石板上撒一些炭粉后，将多余的炭粉扫除，留很少量的炭粉在石板上，这样在烙饼时，饼不会与石板相沾。其次，将荞面与适量的盐及花椒混在一起倒入盛有温水的碗中搅拌成糊状，糊的稠度以用一支筷子挑一点糊离开碗后能成线为宜。第三步是将这些糊倒在"龙布拉"上，用筷子将其扒平成圆形，当饼烙到表面上有气泡并变为青色后用一竹夹将饼翻过来再烤二三分钟即可。一般来说只需五六分钟就可将一个饼烤好。烤饼时，如条件允许，在饼未干前放些葱花及鸡蛋，烤出的饼味道更美。如要烤千层饼则在烤好的一面再倒上一层糊，烤上一段时间后再翻过去烤，又在另一面倒上一层糊，如此反复，便可烙成千层饼。由于制"龙布拉快"的方法很简单，贡山怒族常用此法来加工午饭。

荞面粥 这一饮食流行于贡山境内，它常用于丧事。贡山怒族认为老人死后家人吃一顿荞面粥，可为死者打通从人间至天堂的通道，并以此来祭奠亡灵，希望他们在阴间也能过上好日子。其制作方法是将新鲜牛肉剁成末与甜荞一起煮成粥，煮时要在锅中加上一点盐及板油。这种粥具有香中带甜的味道。

红烧硕鼠 竹鼠、飞鼠、雪鼠、松鼠、山鼠等是旧时怒族向统治者缴纳的贡品及赠送亲友的山珍。这些鼠类在怒江几乎到处都有，系怒族最喜欢吃的野味之一。其方法是将这些鼠剥皮、去内脏，砍成小坨后放入锅中用漆油煎黄后，再放入葱姜辣子等作料与水一道焖一下即可。

漆油炖鸡 漆油炖鸡是怒族的滋补膳食之一。烹饪方法是先将鸡肉砍成小坨，放在七八成热的漆油中炒黄后，再将姜、草果、八角、盐等类的作料与足够的水先后倒入锅中盖好盖，煮上一二十分钟即可。

麻籽豆腐 麻籽豆腐的制作方法是将麻籽舂细后，放在锅里加水搅一下，用一块纱布将麻籽渣滤去，再将剩下的汁倒入锅中煮成糊状后，抬离火边，待其冷却后即成。食用时加点盐即可。

树花菜 树花菜是怒族最喜欢吃的菜之一，它被用在婚丧嫁娶及待客上。其方法是将漆树、核桃树、水冬瓜树、梨树等类植物的花采来，放在干净的灶炭灰水中煮一下，捞出洗净即可。怒族吃树花菜的方法有两种，一是将树花与肉一起炒成树花肉片；另一种是在树花菜中放上酸水、姜、葱、蒜泥、盐、辣子面等作料后制成凉拌树花菜。

怒族特色食品——树花菜

漆油茶 漆油茶系怒族所喜爱的饮品之一。原料为漆油、核桃仁、芝麻、茶水、盐等。其制作方法是将茶叶放在锅中干焙至黄色后，再将开水倒入锅中煮一下。接着将锅中的茶与水一同倒进一个篾编的勺状器皿中将茶叶滤出。把茶水在两个罐中反复倒上几次后，再将茶水与漆油、核桃仁末、芝麻、盐等一同放在一个特制茶桶中反复搅拌一阵后即可倒入杯中畅饮。漆油茶具有止痰化瘀，提神醒目，治疗风湿的功效。

漆油是制作漆油茶最重要的原料

酥油茶 居住在贡山县内的怒族阿怒人还常常饮用酥油茶。把母牛和母羊身上挤下来的奶水加工成酥油，酥油放进打油筒里，加进鸡蛋、盐巴，再加入滚烫的茶叶开水，反复进行打动，经过十多分钟后才用篾篱，篱出渣滓，只喝乳黄色的汁。

烤茶与烧茶 怒族有饮茶的习惯。他们饮茶的方法比较特殊，其方法有两种，一是烧茶，二是烤茶。

所谓烧茶是将茶饼弄成小坨，放在木炭灰烬里烧至有煳味时取出，放入茶罐中加水煮上一阵，待水开后即可将水倒出饮用。

烤茶的方法与内地相同。方法是将茶叶放在茶罐中烤至黄色后，加入开水，边烤边喝。烤茶时，茶香四溢。经烤过的茶烧出的水比较酽，味道也很浓。

糌粑 汉称"炒面"，当地怒族与藏族均视为"主食"。即用青稞或玉米做成，将玉米、青稞浸泡水中，一夜之后，取出晾晒，干透后用锅炒熟磨成面即成。糌粑有数种食法。其待客方法为：将糌粑盛于木盒，用小勺舀一勺送入口中，再喝酥油茶帮助下咽。

> **知识链接**
>
> **杵酒** 酿制的酒，怒族人将苞谷、青稞、小麦、大麦等混捣成粗粒儿后，用锅焖熟，晾凉后放入酒坛里，撒上酒引，密封半个月或一个月，即可启封饮用。饮前要用竹篱将酒糟和酒汁分开，故杵酒又叫"捏酒"。杵酒酒度不高，滋味醇香，但后劲很大。
>
> **水磨房** 水磨房又称水磨坊，由引水道、水轮、磨盘和磨轴等部分组成，怒族地区由于山高水流丰富，因地制宜发明了靠渠水为动力，带动木轮摧动石磨昼夜不停运转。

服饰文化

服饰是人的文化的历史标记，也是人的历史的文化象征。

不同的历史时代和文化环境，产生不同的服饰。而同样的服饰，在不同的历史时代和文化环境中，其文化功能也会随之转换和变异，民族服饰文化功能有着极为丰富多样的内涵，形成一种

◀ 贡山怒族阿怒妇女服饰

俱足符号的指述、表现、传达诸外部关系及形式、意义、编码诸要素的符号系统，成为自立于语言、文字、乐舞造型艺术、仪式、节日等符号形式之外，又与它们相辅相成的一种特殊的符号样式。这里我们所讨论的服饰并不只是蔽寒遮羞的一般用具，而

是有着功能复杂的文化意义。那么怒族人的服饰，又集纳、浓缩了什么样的信息呢？

循着历史的足迹，我们可以粗略地发现怒族服饰的变革过程。《天启清志》载：

（怒人）男子发用绳束，高七八寸；妇人结布于发。其俗大抵……与么些（纳西族）同。

《续云南通志稿》道：

怒人……男子……红藤勒首，披发，麻布短衣，红帛为裤，跣足，妇亦如之。

《光绪丽江府志稿》又道：

怒人……妇人披发，以红藤勒首。

《维西见闻录》又说：

怒子居怒江内……男女披发……首勒红藤，麻布短衣，男着裤，女以裙，俱跣。

很显然，这些文献对怒族的服饰记载是很简单的，甚至就连客观性的描述也不够。虽然如此，我们还是能粗略地发现，怒族服饰深深地打上了历史的烙印。清朝末期，由于民族交往的进一步加深，怒族的服饰又发生了一定的变革，衣裤开始分件。据民国初期的史料记载：

怒㑩衣服，男子则穿衣裤，间有戴布小帽，穿一耳坠者；颈上常挂料珠，坠于胸前；手上多带铜镯一二支，用董棕树叶之筋圆圈数十，饰于腿上。长短不一，无领无扣，上下宽阔均等，腰间常以带束之。女子上身衣，下身裙。衣最短，裙无缝，长仅及膝，两耳皆坠环，大如手镯；头上则用料珠等，制为一圈，束之如勒；两手充带铜镯，赤足如男子……汉商往来，中等人家，衣服有用棉布为之者；亦有购自汉商由内地缝来者。

从这段叙述中我们可以清楚地看到怒族的服饰已具有一定的款式，而且开始接受了棉布。进入民国中期后，又有史料载：

男子……出外常佩带大刀，挟持弓弩。……女子……布裙或麻布裙，妇女短衣围裙，裙袖间缀以花线，或用颜色布镶边数道，又以白色银币，红绿料珠满钉裙间。

从这段史料可以看出民国中期的怒族服饰与现在已无多大差别。

事实上，由于怒族的支系不同，居住地域有别，他们所接触的文化也不同，使得怒族的服饰呈现出异彩纷呈、各具特色的局面。依据居住地域和着装的款式特点，怒族服饰分为贡山怒族服饰、福贡怒族服饰和兰坪怒族服饰三大类型。每种类型又有童装、青年装、中老年装、日常装、节日盛装、婚礼装、丧服等之分。

男子服饰

贡山及福贡怒族男子的传统服饰基本相同，头饰均蓄发成辫子状或披发状，上穿及膝的对襟麻布长衫，下着麻布裤，腰系藤条或麻绳，常以麻布绑腿或竹绑腿缠裹小腿，以便在山林中的劳作或狩猎。基本上常年赤足。成年男子喜欢和习惯于左肩挎弩弓及箭包，右腰处佩带长刀或短刀；兰坪的怒族男子服饰受当地白族和汉商的影响较深，头缠包头或戴圆顶小帽，身着对襟棉布长衫，有的外套马褂，下穿长裤，脚穿布底鞋、草鞋或赤足者皆有，服饰装扮因各自经济收入不同而有所差异。新中国成立后，怒族男子服饰均趋于汉化或现代装束。

◀ 贡山怒族男子服饰

女子服饰

怒族女子服饰各地风格迥异，形制款式皆有不同。贡山怒族女子服饰深受藏族和纳西族服饰的影响，头顶方形麻布帕或五彩怒毯帕，用发辫或辫型物紧箍在头上，上身穿一贴身麻长衫，外穿一深色坎肩，胸部挂红、绿串珠，下身穿一长裤，不穿裙，裤外围上一床长及脚踝的怒毯，腰上系一条约三寸宽的竖条纹彩色腰带。青年妇女还喜欢在腰前围上一块彩色氆氇围裙。喜用精致的竹管穿两耳为饰；福贡怒族女服受傈僳族服饰的影响很深，外人若无专业眼光很难区分彼此。女子头戴由珊瑚、玛瑙、贝壳、

西藏的怒族妇女服饰 ▶

贡山的怒族女子服饰深受藏族和纳西族服饰的影响 ▶

料珠和银币等串成"吾普都阿"头饰，传统衣着为右衽麻布短衣和麻布长裙，现已演进为上身穿白色长袖衣，外罩一件深红色、黑色或深蓝色镶花边的夹袄，下身穿一条深色的大摆长裙。

已婚妇女在衣裙上镶坠花边，在胸前佩戴彩色珠子串成的项圈和俗称"勒呗"的贝带，耳戴垂肩的大铜环或银环，肩挎自己缝制刺绣的怒包，兼有装饰和盛物之功用。这里，福贡县境内的怒族妇女服饰类型与当地傈僳族妇女所不同者仅在已婚妇女装饰上的细小差别：傈僳族胸饰喜用多个大贝壳为饰，而怒族只用一个。傈僳族妇女长裙下摆的右侧边镶有一个方框纹样而怒族则无；兰坪"若柔"型妇女头缠包头，上身穿前襟短而后襟及膝的粗蓝土布衣，下穿普通长裤，家境富裕者戴耳环、耳坠之类，一般人几乎没有什么饰物。脚穿绣花鞋、草鞋或赤足者皆有。

以上怒族服饰特点，是怒族人民与区域内各民族长期进行文化交流的结果。由于民族内部不同的群体有不同的交往对象和交往机会，因此受到的具体影响也不尽相同。一般说来，比邻的群体之间交往机会多，所以，杂居一域的各个群体，尽管族属不同，也会形成一定的一致性，有时这种一致性甚至会超过同一民族内部的一致性，怒族的三个区域类型的产生大抵说明了这一点。与此同理，由于怒族女性对外交往的机会远比男性少，所以，女性服饰保留了更多的传统特色，相反的，男性服饰的民族特色已经为区域特点或大众化所取代。

以麻为主的服装面料

传统上,怒族地区普遍种植大麻,制作服饰主要以麻为原料,人们通常使用腰织机织出麻布匹,再以麻布缝制成贴身衣物。

《菖蒲桶志》第十二章"工业"栏目,关于怒族人的纺织染绩、纺具、织具及服饰制作等内容有如下记载:

菖属夷人男女尽穿麻布,概系妇女自行纺织,除自用外,尚供给男子衣服。每户均种有火麻,收取后煮洗洁净,纺而为线,织之成布。其法甚简,各户门前均立二木桩,用竹竿二根排列于上,以绳系扣,将麻排为经线,置于竿下,无梭子,概用纬线结团抛织而成,至宽不过六寸。古宗、怒子杂以绵线。织成后,缝合成幅,名为因布,质最细密。将来改用机织,亦最良工艺品。但无用颜色加染者,尽皆原质白色。

织怒毯

绕线

在怒族传统的手工业中,男人制作猎具、农具、编织竹器、烧制器皿,而女性则从事种麻、剥麻、纺麻、织布等工作。织麻的工具为竹制的纺轮和拈麻线的手车。怒族的服饰制作是极为复杂的,过去用麻布做原料,先把大麻秆从地里割回来,泡在水里浸,待麻皮泡软后方拿出来剥皮,麻剥好晒干,撕成线后,先用手捻纺,然后用灶灰水煮,煮后在河水中漂洗干净,再晒干,最后才上织机。织麻时将经线一端系在腰间,另一端系在木架上,以木梭引纬线来回穿梭。又称"单杆腰机织"。

怒族妇女织的麻布,均以白色为纬线,以红色、蓝色、黑色、黄色做经线,从而形成对比度较强但又能够统一和谐的色彩纹路,阿怒妇女每天大约能织20厘米宽、3.33米长的麻布。如今,怒族妇女在传统的麻纺工艺基础上,大量掺入了棉线、毛线及腈纶、开司米、海马毛等现代的化纤织物,织出的怒毯色彩更为绚丽多姿。

> **知识链接** **怒族腰织机** 怒族腰织机,其主要部件是卷布轴、卷经轴、分经棍、打纬刀和提综、绞棍等。使用时,用一块两端有绳的牛皮皮辐兜住腰部,用绳把卷布轴两端绑上,使它固定于腹前。卷经轴是一根小竹棍,使用时蹲在织者两足以下。分经棍用一根粗竹筒做成,其作用是把经线按奇数和偶数分开,使经纱分作上下两层,即面经和底经。形成一道织口。打纬刀是块窄木板或竹片,其作用是扩大织口和拍紧纬线。

住屋形态

人类的居住屋态是由于人的居住需要才被创造出来的,因而是有其具体的功能特性的。如创造"安乐"居住环境的功能;体现审美追求的功能;反映婚姻制度与家庭观念的社会性功能;尊崇信仰、礼仪与制度,实现文化控制的功能等。从该理论出发,

自然环抱中的怒族居屋

我们欲探求的怒族居屋呈现的是一种什么样的形态呢？

余庆远的《维西见闻纪》有怒族"覆竹为屋，编竹为坦"的民居生活描述。怒族建村立寨，往往选择能够在附近开垦出较大面积牛犁地的地方。既有坐落在溪河边山脚下的村寨，也有散布在山坡上、山坳间、山头上的村寨。由于怒江流域山高坡陡，所以分布在山头的平缓地带的村落居多。住房周围、村落四周，一般环绕着或大或小的成片耕地，再向外，则是树林或者悬崖峭壁。村落的大小、疏密，与适宜开垦出固定耕地的土地面积有直接关系。人们大都以具有血缘关系的家族组成村落，聚居或交错杂居。一般村落规模为十几户到几十户，上百户的村落很少。村落之间，近者相距三五里，远则十几里甚至几十里。

我们知道，任何建筑都离不开环境的孕育。从最早利用天然的山洞和树洞到建造围成院落的砖木结构的房屋，都存在于一定的自然环境和社会环境之中。不了解这些住屋背后特定的背景，就不能真正全面地了解该民族住屋文化的本质。

原初的居住形式——洞居

原始时期的怒族先民，在茫茫的大自然面前，面对各种自然灾害所构成的严重威胁，出于生存的本能，产生了自我空间需求的欲望，试图通过某种形式的空间来与残酷的自然界形成相对的隔离，抵御各种威胁和侵害。人们对庇护空间的最初满足，只能通过对某种天然空间的选择和利用来实现，天然的洞穴和树巢便是最早的选择和直接的利用。

洞居是指以天然山洞作为栖息地。洞居虽有考古发现，但人们对洞居的认识，更多的是来自关于洞居的传说，有确凿依据的史实是：直至新中国成立初期，怒族人居住地域内的独龙族人仍然有居于洞穴为生的实证。所以根据民族学提供的资料，可以印证反映历史的痕迹。

相对于林居而言，人们对洞居的认识和情感都要丰富得多、深厚得多，甚至被神圣化为宗教的崇拜。

贡山阿怒怒族中至今保留着"灵洞崇拜"的习俗。

相传高山的山母就住在"灵洞"里，所谓"灵洞"，是一些钟乳石山洞，有的一村朝拜一个灵洞，有的几村人甚至所有阿怒

贡山阿怒人至今保留着"灵洞崇拜"习俗 ▶

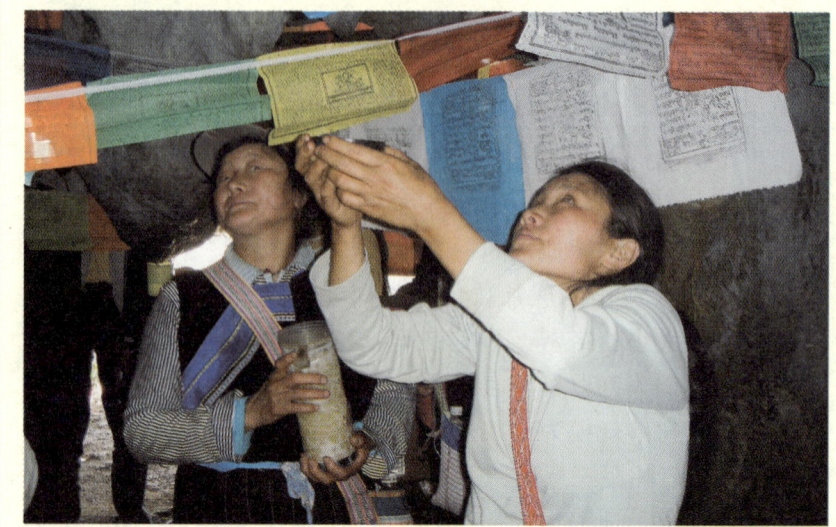

人朝拜一个灵洞。关于灵洞崇拜有一个传说：相传怒江上原本没有桥，有一天，聪慧过人的怒族阿怒姑娘阿茸在屋檐下织布，突然发现有个小蜘蛛在屋檐上织网，受此启示，在阿茸的带动下，怒族人架起了第一根篾溜索。这事被头人知晓后，派人去向阿茸求婚，阿茸为逃婚，躲进了一个岩洞，狠毒的头人找不到阿茸，便令手下将岩洞用柴堵死，并放火将阿茸烧死。

为了纪念她，阿怒人将此岩洞取名为"仙女洞"。每年农历三月十五这天前来岩洞祭祀她，以为纪念。

灵洞崇拜是远古洞居生活神圣化后，在民族心理上的一种深层积淀，带有浓重的与祖先认同的情感趋向，并仰望祖先远古的权威，给予子孙以现实的功利。无不折射出怒族远古住居的价值观念。

同时，在阿怒人的"灵洞崇拜"仪式中，还显出了以洞居作为母本的象征意义。

所以说，后来人们正是借助于在洞居阶段得到的空间体验来营建房屋的，房屋空间实质上是山洞空间的人工再现。

> **知识链接** **贡山怒族的节日"仙女节"** 母系时代女性崇拜的遗存。"仙女节"的所有活动，均围绕灵洞展开。这天，男女老少在洞口摆上用面塑的鱼、鸡以及苞谷、酒、鲜花等，祈经跪拜后，都要进入洞中接象征阿茸双乳的钟乳石滴水，奉为"神水"，以求仙女赐福平安。此外，溶洞里的钟乳石还有象征女性生殖器的"阴部"形象等等，均被阿怒人奉为神圣之物。从阿怒人的仙女节崇拜仪式中，可以明显看出早年的洞居生活作为母本的象征意义。

其他居屋形式

从这个意义伸展,再来探讨怒族人其他的居屋形式——茅草房、千脚落地房、木楞房等主要类型。

茅草房 这是怒族地区一种古老的民居类型,曾长期作为各地怒族的主要民居形式。以茅草覆顶,以竹篾为墙,就地建盖。由于怒族所在区域一般坡度都不太平缓,难以平整出宽展的房基,因此所盖茅草房低矮狭小,采光条件差。夏天地气较重,稍显潮湿,但透气性好,比较凉爽;冬天则比较温暖。房间里的功能格局为:居中置一个铁三脚,是日常生火做饭及室内活动的中心;上方悬挂一个竹编的烤架,供烘烤五谷、放置种子;沿着墙根摆放各种用具。迎门的一侧一般供主人坐卧,靠门的一侧是客位。近十多年来,这种房子已经不再作为怒族的基本民居了。

福贡县匹河怒族乡的古老民居类型——茅草房

千脚落地房 居于怒江峡谷南端的福贡怒族人,其居屋形态是典型的"千脚落地房"。房屋依山势而立,背山一面,先在斜坡上竖几十根木柱,在木柱离地面2~3米钉上横木,以木板或竹篾笆为地板;墙面根据地区不同、取材的难易等等条件有以篾笆做外墙和隔墙的;因房屋跨度大,构件断面小,故而柱子很密,顺梁下或梁边排列,故称其为"千脚落地"。

怒族人居住的"千脚落地房"

"千脚落地"是对住屋底层支柱的形象说明,反映出人们从生活实际出发所做的环境选择和住屋形式选择。千脚落地房的建造需要很多木料,近年来国家实行"天保工程",禁止乱砍滥伐木头,故如今该形式的怒族居屋在怒江峡谷的南部地区已难寻其踪。

木楞房 在怒江峡谷沿线区域的怒族人，其传统住屋主要是木楞房，当地称垛木房。因其用料和构成方式上的差异，大致可以分为两类，即"井干——土墙"式住屋和"平座式"垛木房。

第一类，"井干——土墙"式住屋，怒族主要居住在怒江峡谷的坡地上，为避免大挖大填，建房时房屋的长边尽量与等高线平行，在上坡一侧定出房屋内高度，并在下坡一侧，夯筑一段土墙，其顶与在上坡处定出的高度相应，然后继续在其上垛木建屋。这种下为土墙，上为井干壁体的住屋，即所谓的"井干——土墙"式住屋。

还有的是在一座房屋上，一段用夯筑土墙，一段用井干壁体的住屋，是"井干——土墙"式住屋的另一种形式。

怒族人的"井干——土墙"式住屋

贡山怒族的石片顶房

石片顶房即属井干式建筑，为贡山丙中洛一带怒族的住房形式。因受藏文化影响，其房屋的格式与藏区住房相似，一般以土石为底墙，垛木为楼，石片盖顶，故名。覆顶的石片，质软、能削、能钉、既薄且平，采自丙中洛乡秋那桶，石片长宽30~60厘米，厚在4~10厘米。

第二类，"平座式"垛木房，在起伏的坡地上修建垛木房时，先用短柱及梁、板搭成一个由木柱支撑的，地形的高差利用平座支柱的高矮调节平台，然后再在平台上建垛木房，因有别于在地面上修建的垛木房，即比其他垛木房多了一个平座，故称之为"平座式"垛木房。它在用料上与其他木楞房比较，怒族垛木房的一大特点是层层摞叠用的不是圆木，而是厚枋。

怒族民居在结构上大多采用人字木屋架这种形式，盖房时连地基也不平，只要依山就势，用几根竹木，一些茅草搭好即成。近几十年，怒族的土墙房、木楞房等以及一些较大型的公共设施建设才开始使用抬梁、穿斗、井干、人字木屋架、密梁平顶等云南少数民居中传统的木结构方式。此外，怒江沿线的怒族民居中还出现

怒族垛木房的一大特点是层层摞叠用的不是圆木，而是厚枋

了使用豪式木屋架、钢筋混凝土梁板及砖墙承重结构以及一种被研究学者称之为"季节性游动的双宅式"居住方式。

居住习俗

怒族是一个刀耕火种的民族。刀耕火种生产方式孕育出的土地观念、森林观念、火的观念，以及由此派生出来的知识体系、技术体系、再生资源和礼仪信仰等，莫不对当地民族聚居环境的形成和发展起过重大影响。从怒族人的建房居住习俗看体现在以下三个方面：

第一，选址习俗，据说，过去盖房，怒族人也是看风水的。这就是盖房之前，先挑选个理想的宅基地，在地基的四个角落挖坑埋下各种粮食作物的种子，每个角落埋四粒种子。三天以后，翻挖出来，看看有无被虫兽糟蹋遗失的情况。如果遗失了，就认为这块宅基不好，一般不再盖房，否则人丁不昌，五谷不收，六畜不旺。如果所埋下的种子完好无损缺，就认为宅基地不错，这才盖房子。后来，藏族人陆续搬来怒族地区，怒族受到藏族文化和藏传佛教文化的影响，不少人家也跟着信仰起藏传佛教，盖房时要念经，用抽签卜卦的方法测定风水，并择吉日建房等等。怒族人家的屋顶上，也如藏民一样插上一面白幡旗，写上祈求祝愿之类的宗教梵文。

第二，门向的选择，在贡山境内，只要是怒族村寨，几乎家

怒族的"游宅"是为了耕种的需要

家户户的门都朝南开。阿怒有句俗话："门向日出方向，开门靠山，吃穿不愁。"门向的选择非常重要。门向对准雄伟的山峰，象征兴旺发达，门向若与江水的流向一致，则粮食就会像江水一样流去，全家人将年年挨饿。

第三，粮仓由主妇专管的习俗。怒族人的粮仓绝对不能让外人看，如让人看了之后，来年的粮食就不够吃，而且每家的粮仓都只能由主妇专管，其他任何人都不能乱动。究其深层原因，笔者认为粮食由主妇专管的习俗，反映了传统怒族社会两性角色中，对女性、母系的尊重。在怒族的生活中，粮食是第一重要的，如此重要的东西只能由主妇专管，说明怒族社会里女性的地位是很高的。

> 知识链接　**"季节性游动的双宅式"** "双宅"，即一家有两宅。一宅是适应家庭生活要求的主要基地，体现家庭生活的全部功能要求，居地基本固定不变；另一宅是为适应耕种需要的前沿阵地，随地块变动而变动。在作物播种后，怒族家庭成员视需要全部或部分移住于地头前沿住屋中，秋后再搬回基地住屋来。这是一种从游动到定居的中间过渡形式。

交通运载

由于生活在山高谷深、地形险峻的怒江流域，"行路难"至今仍然是怒族群众无法从根本上解决的问题。不过，在这样的环境中，怒族人民却创造了许多独具特色的交通文化，展示了不凡的民族智慧。

◀ "人背马驮"仍然是怒族地区传统的运输方式

怒族传统的运输方式是"人背马驮"。近年来，随着县乡公路和乡村人马驿道的修通，各地交通运输条件的改善，越来越多的怒族群众养起了马、驴等役力牲畜，供日常载运。一部分家庭还将马驴等租借给别人役使，按日收取一定的租金。在公路沿线居住的怒族群众，车辆运输和畜力搬运正逐步取代人工搬运。

过去，怒族群众生产生活所行走的路径大多是"老鼠路""猴子路"，崎岖险峻。村寨之间也有固定的羊肠小道以供日常通行，叫作步道。

步道与驿道

壮美的河山、险恶的生存环境给怒族的交通带来了极大的困难。历史上的怒族只能凭手里的万能砍刀，逢水架桥，遇岩搭梯，披荆斩棘，劈出了一条条的步道，靠一双铁脚板来征服险山恶水。事实上，怒江历史上能供人行的步道也不多。因怒江西岸

行走步道

凿岩开路，劈出了一条条险峻的步道

的怒族为江所隔，鲜与江东的怒族联系。而西岸的怒族又与缅甸为邻，故怒江西岸从南到北都有通往缅甸的步道。史载，在高黎贡山以西的迈立开江和恩梅开江两岸地带，从公元69年东汉政府建立永昌郡开始，曾长期与现在的德宏、怒江地区同属一个行政区，其境内的怒族与高黎贡山以西之独龙族的交往较频繁。此条步道应是怒江州最古老的一条步道了。

人们为了生存，相互往来，需砍刀开路，拔草寻径，攀藤附葛，穿密林、过深箐、滑溜索、"爬天梯"，极为艰险。借步道相互交往，采挖药材、狩猎、采集山茅野菜，途中荒无人烟，夜宿能找到一个树洞或岩窟算是碰上好运。人们又称这些原始的步道为"鸟路鼠道"。

由于沟谷深、河道险，传统的津渡手段以桥索为主，主要架设在跨度不大的溪流之上或沟壑之间。跨度较大的江河一般靠溜索越渡。

> **知识链接**
>
> **天梯** 沿怒江大峡谷行必越山道，每遇陡壁绝岩，常采用竖搭梯架、横铺栈道或凿成石坎台阶的办法，以通过天堑或越过山岩。天梯是用两根粗藤自岩顶直拉于岩下，中间用木棍作横档，极似悬于千仞岩壁上的软梯；一般不大的石岩，用一根原木，竖于石岩上，用刀砍几道坎子作脚蹬，脚踩坎子而上；有的是用两根圆木，中间捆绑一级级的梯子，有时一根长度不够，则用两根、三根捆接，攀缘而上。天梯多利用天然石缝作为立木下脚，或将梯子捆绑在树藤上，面朝石岩，背朝天，不能俯视，以防晕眩而坠岩。
>
> **栈道** 用木头或龙竹2~3根合并，在江边或陡壁绝岩处接搭，凌空横铺，捆绑后接于两头，下面有岩缝的，再加立木下脚，用篾片或藤条捆紧，再用树干枝或竹篾索附加以护栏。

溜索

溜索是怒族历史上最重要的交通设施之一。溜索,古人称之"撞",《茂州志》中的"悬、撞度索"说的就是这种溜索。神奇壮美的峡谷,历史上给怒族与外界乃至其内部间的交往带来了几乎难以克服的困难。虽然如此,高山峡谷,危崖大江并不可能禁锢住怒族交往的需求。

据传,在很久很久以前,居住在怒江两岸的怒族先民,虽鸡犬之声相闻,隔江能对话也能传情,就是无法相会,他们常常只能在江边徘徊。后来,由于受到蜘蛛织网并能在网上自由穿梭的启示后,他们也试着破竹制索,剥麻为绳,然后把拴在竹索上的麻绳系在特制的强弩的箭上,用力将麻绳射到对岸,由对岸的人拉绳,后面的人推索,最后将竹索的两端分别在两岸系牢,溜索就这样被发明出来。

篾溜索是先用竹皮篾片扭成三根篾索,再将三根篾索拧在一起,有手腕般粗,横截面约5～6厘米。选择在江两岸的陡坡和缓坡地段架设,把溜索拴在江两岸的大树或木桩、石岩上。砍竹、剥篾、扭索及架设共需100多个工日。怒族最初的竹篾溜索没有溜板,全靠双手双脚吃力地攀爬。后来,怒族又在长期的实践中发明了溜梆及安全带。溜梆是用硬木挖成的。一般用紫柚木或栗木精制而成,形似带柄的筒瓦。其下面有槽,卡住溜索,上面有眼孔,穿过安全带。过溜时,将溜梆架在溜索上,把溜绳从溜梆孔中穿过,将安全带在臀部、腰部各缠一圈,然后再将安全带挂于溜梆之上。溜时用手握紧溜梆,同时双脚蹬一下溜柱,溜板便顺势下滑,转眼间便能飞越江面。

竹篾溜索　怒族的竹篾溜索有两种。一种叫平溜,一种叫陡溜。所谓平溜,它只有一根溜索,一般用于江面较窄的地方,横悬于江面上,两头稍高,中间倾凹,又叫单溜。相对而言,这种溜索较安全,但也最费力。所谓陡溜,它有两根溜索,又称双股溜,用于江面较宽,来往人较多的地方,一高一低一来一往,高低对倾。人们在过陡溜时,从高处向低处溜,由于坡度大,瞬间

木板溜

便能飞越天堑。相对平溜而言，陡溜快捷、省力。在漫长的历史过程中，"过溜"事实上早就成了怒族的一项生存技能了。不论男女老少均能自如过溜。怒族不仅能单独过溜，还可带人带物过溜。溜渡的人、物不同，其方法也不同。若携带大人，用两个溜梆一起下溜，被带人溜梆在后。如是溜渡小孩则将其系于溜渡者之腹部即可。除此以外，怒族还能带牛马牲畜、驮子及其他货物一起过溜。这一绝技常让人惊叹不已。

因怒江降雨量较大，竹篾溜索及安全带易腐。历史上因绳腐、超重引起索断、溜梆翻转割断安全带或溜梆破裂而坠江溺死过溜人的事件时有发生。为了确保溜索的安全性，少则几个月，多则一年就需要更换竹索。

钢索溜索　篾溜索因制作工艺及材料都较原始，得半年更换一次，过溜人多的溜口，则1~2月更换一次。过起来很不安全。故从20世纪50年代起，怒族人开始用上了钢索溜。木质溜梆用滚珠轴承铁滑轮代替，滑轮镶嵌在弯曲的铁板内，铁板下端留有双铁钩。渡溜时溜绳挂在铁钩上，比木溜梆省力、安全，溜索桩也用钢筋水泥浇筑。

古渡口

怒江上的船（筏）渡口。新中国成立后，怒江上先后有23处渡口用船、筏摆渡，但因江水随季节变化涨落，汛期不能摆渡，并且常有翻船事故发生，造成生命财产的损失。党和政府为了解决"过江难"的问题，拨出专款年年建桥，很多渡口已被各类桥梁所取代。

当冬春之际，雨水稀少，江河水枯，在一些水流比较平缓的河段，怒族群众也使用猪槽船及竹筏作为载渡的工具。

怒江滩多浪急、汛期基本上无处可通航，但春冬两季为怒江的枯水期。此期，在湾大、水缓的地方是可以通航的。由于溜索难架，且又有一定的危险，故仅靠溜索是满足不了怒族交往的需要的。据说怒族的先民受小鸟脚踏树枝过河的启示后，又发明了竹筏与猪槽船。

竹筏与猪槽船

竹筏　竹筏是用七八节龙竹并排穿连捆扎在一起而成的。

用长竹竿撑动后,用木桨划行可渡人、渡物。筏子较轻便、易操作。但是这种较简陋的交通工具在水急浪涌的地方行驶也是非常危险的。历史上,渡人因筏翻、筏裂而坠江的事件也常有发生。

猪槽船 怒族最早的猪槽船即独木舟,实际上只是挖凿一粗大、四五米长的木头。渡江时,人们只能抱着木头在江中泅渡。后来,怒族又受到竹、木碗载物也能飘在水上的启示,便将独木凿成猪槽状而制成独木舟。猪槽船(独木舟),从清中叶开始使用,是怒江当地民众传统的渡江工具。其制作方法是用一根长3~4米,直径100~120厘米的圆木,从一面凿空,船的两头尖而上翘,在中间穿1~2根横档,作为划船人或乘客的座位,船底稍铲平,用木划片(桨)划行和掌握方向。因其形似猪食槽,而得名为"猪槽船"。船有大有小,大的能载10人左右,小的可载2~3人,也可把两只船捆扎在一起使用。每年冬春,怒江两岸的人们用此船渡江,串亲访友或从事生产、捕鱼。猪槽船发明后,在怒江的枯水季节,便可在渡口处驾舟渡河。独木舟与独木相比,优点颇多:一是渡者可避免泡在冰冷的怒江中;二是人在船上驾驶的主动性远远高于独木泅渡;三是独木舟的安全性能较高也能载物。当然,猪槽船也不是怒江中安全可靠的交通工具,这种船在怒江的汛期便不能在江中航行,即使是在怒江的枯水期也有船翻人亡的事故发生。

怒族早期的猪槽船

◀ 怒族地区常见的"拼木桥"

除此以外,怒族地区还有独木桥、拼木桥、藤篾桥等桥类。

新中国成立后,怒族地区的交通面貌有了很大的改观。跨江桥梁陆续架通。州县公路和县乡毛路已经基本开通,怒族群众与外界的交往便捷了很多。

> **知识链接 藤篾桥** 藤篾桥是怒族古老的交通设施之一。是一种比溜索制作更先进的原始吊桥。其桥形呈"V"状。它一般由5根基本平行的、牢固于两岸的有手肘粗的藤篾索及编在两侧的网状藤篾组成。藤篾桥上口的宽度仅能供人双手抓扶,底部仅有两三根竹子供脚踏。其架设方法是:将藤篾削成细条,编织成网,再用藤条或篾片纽成比溜索稍细的篾索两根,将网固定在篾索上,然后把网拉在江面上,撑开藤网,把网和篾索紧紧地拴在两岸的树桩或大岩石上。网的中间铺上龙竹或实心金竹,作为桥面,宽约30厘米。5根藤篾索的主要功能是负重,两侧网的功能在于加强安全系数。这种桥因悬空架于山谷或江河之上,桥体不固定,人走在上面摇摇摆摆地晃个不停,有一定的危险性。怒族同胞步行其上则如履平地。相对而言应是怒民较安全的桥梁之一。但它也存在着同样的问题,就是藤篾易腐,须经常更换。

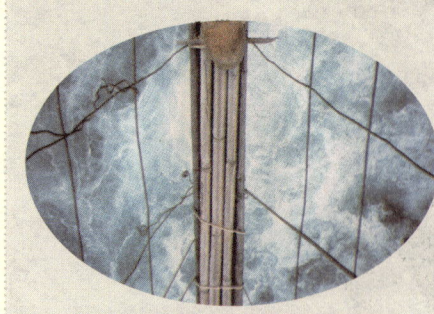

▶ 藤篾桥是怒族古老的交通设施

通信联络

怒族没有自己的文字,传统的通信联络方式主要依靠实物符号和声音来传递信息。主要的传统通信手段有刻木传信、火箭示警、吹号报丧、路标示意、乐器邀约等等。其中,刻木传信、火箭示警已废弃。

吹号报丧

吹号报丧是较普遍采用的一种通报噩耗的办法。当成年男性去世时,由丧家的其他男性成员或别的男性亲友吹号向村寨的乡邻亲戚报信。这种报丧方式现在怒族地区还保留着。

路标示意

路标示意是钻山入林或行猎时常用的通报去向的方法。制作路标可用打草结的方法,也可以砍下一节树枝,用削尖一头指示方向;还可以在比较显眼的树上削树皮做箭头来指示方向。如今人们钻山入林还常用这种方法传递信息。

乐器邀约

乐器邀约的方法主要运用于年轻人约会中。常用的邀约方法是吹竹笛或弹琵琶。每一对情侣都有特定的吹弹方式,互不相扰。但如今会吹弹的年轻人已经不多了。

新中国成立以来,怒族与外界联络的方式有了不小的改进。电话、卫星通信网络、手机、卫星电视等等的普及,大大便利了怒族群众对于外界的了解。

第六章
从生到死
人生仪礼

　　人一生中的几件大事，出生，结婚，生子，到死去，怒族人都有自己独特的讲究。
　　怒族人对生命和孕育十分重视，直到现在都保持着严格的诞生礼习俗，不仅如此，他们还传承着既定的婚姻习俗，婚后还有"不落夫家"的传统。直到人去世，他们把死去的人送回"祖先居住地"，祈求死者灵魂得到安宁。

诞生礼

怒族的人生仪礼中，"诞生礼"主要有"怀孕""生育""坐月子""命名"等几个阶段。

怀孕

怒族民间把"夜鬼"视为专司生育的鬼。在福贡怒族地区，久婚不育或者祈求生男的怒族夫妇，通常在夜深时分请巫师到家里来作法祭祀夜鬼。祭祀所用的牺牲是一头小猪，祭祀用语为勒墨语。在此期间，求子夫妇必须当场将祭祀的小猪肉分食完，如吃不完也不能分给他人，而是将剩余猪肉投入火堆烧掉；而在贡山，在每年的仙女节期间，不孕不育或求子的怒族夫妇都要盛装到仙女洞，祭拜后，饮用洞里的仙女乳汁——泉水，求子求孕。

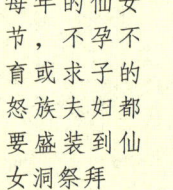

每年的仙女节，不孕不育或求子的怒族夫妇都要盛装到仙女洞祭拜

生育

怒族对生命的孕育极其注重，妇女怀孕后，不许孕妇做重活。临盆分娩前，丈夫一般不出远门，提前做好各种分娩准备事项。孕妇临产的时候，家里婆婆、妯娌及邻居主妇们都要放下手里的活儿，主动前来帮忙。分娩时，现场只能留下女性。一般由婆婆或年长、经验丰富的妇女为产妇接生。孕妇就半蹲在自家正堂的角落里分娩，地上铺一些茅草，以免羊水、血渍弄脏地面。婴儿出

生三天后，丈夫携酒肉去亲友家报喜并招待来访之客。而亲友邻居的主妇们则携带米、酒、小猪、漆油等前来祝贺。按照民间说法，第一个来到家里祝贺的妇女将会沾上最多的喜气和福气。在整个生育过程中，怒族对婴儿出生时的胎盘的处理极为重视，一般将胎盘深埋在房前屋后的地里，认为如此即可让长大后出行的儿女都会眷念这块出生地。一旦因挖埋不深而致胎盘被狗等动物吃掉，则认为即便婴儿长大后也会一生不成器。

分娩当天，男主人要给产妇做补品"侠辣"。如果生的是男孩儿，要用母鸡来做"侠辣"，据说这样可以使孩子长大后沉稳、勇敢；如所生的是女孩儿，则用公鸡做"侠辣"，孩子长大后能言善辩、聪明伶俐。

坐月子

各地怒族产妇坐月子的时间长短不一，长的一个月，短的半个月。少数家庭由于缺乏劳动力，妇女分娩后一周左右就下地劳作。坐月子期间，外人一般不能来打扰，尤其是在晚上时分。

命名

婴儿诞生后的一个重要仪礼是取名。一般在3天之内由家中长者为婴儿取名，并杀鸡宰羊以示祝贺。但怒族的取名因支系不同而有别。兰坪若柔支系在婴儿满月当天专门宴请宾朋，给出生儿取名；居住在福贡县匹河、普乐、同坪等村的怒苏人，历史上盛行父子连名的命名制度，男子一生中要经历三次命名。第一次是男孩儿出生之后，由父亲或祖母、伯父取正名，即奶名。第二次是当男孩儿长到十四五岁时，由同辈青年间相互提取"青年名"，姑娘也可以为她的情人取名。但这种"青年名"只能在同辈青年男女间互相称呼，不许在家中及长辈面前提及。第三次命名是在结婚时，由父亲命名，取名时将父亲名字的最末一字或最末二字冠于儿子的名字之前，从而实现父子连名谱牒的联结。习惯上，男孩儿的正名中常冠用"拉"的谐音，如拉威、拉付、拉益等，女孩儿则冠以"亚"的谐音，如亚威、亚菊、亚莎等。各地有一个共同的取名习俗，即根据孩子的长幼之序取排行名。

婴儿出生后，如果营养不良或体质虚弱等，就要到江河或溪流交汇处背回水来,给孩子擦洗全身。女婴要用舀的第七瓢水来洗,男婴则须用舀出的第九瓢水来擦洗。贡山怒族如发现已经取名的婴儿体质虚弱或性情怪异,则将孩子"托靠"给人丁旺盛的人家做干儿子,并由干爸爸另给孩子取名。

> **知识链接** **勒墨** 白族的一个支系。居住于云南省怒江州泸水县洛本卓等地的白族,自称为"白尼",他称"勒墨"。勒墨支系最先于17世纪初期,从兰坪县搬迁而来。他们所居住的怒江大峡谷山水阻隔,与内地白族隔绝交往。他们的社会经济发展落后于其他地区的白族,而与周围的傈僳族、怒族相接近,并保存着较多白族古老的语言和习俗。

成年仪礼

怒族民间对于孩子进入成年期没有特别的规定。比较明显的一个成年标志是:当一个孩子长到十三四岁的时候,他(她)就可以进入青年人的社交圈子,交结异性。怒族每个村寨都建有"公房"。怒语叫"哦吃",即离村寨不远处搭建一座专门用于年轻人社交的房子,每到晚上,怒族十三岁以上的青年男女即来到房子里聚会留宿。男孩子们互相学习制作弩弓竹箭,女孩子则互相学习捻麻绕线等女红手艺,男女青年还共同学习弹琵琶、跳舞等,任孩子们娱乐取闹,父母长辈们不得干涉。在这个圈子里每个孩子都会接受伙伴们给他(她)取的专门的名字,但这个名字只限于在伙伴之间使用,不得在长辈面前提及,否则就会被长辈们视为冒犯而遭到谴责。如今,这种"公房"已越来越少了,随着年轻人的社交活动和社交方式的增多,这种传统的交往方式已逐渐被赶集、年节聚会、结伴上街、聚伙看电影电视所取代。

成年礼 ▶

婚礼

怒族青年男女虽然一直享有较多的婚前社交自由,但是民族内部却很早就通行婚姻由父母定夺的习俗。从恋爱到结婚,大概要经过定情、提亲、订婚、结婚四个环节。

◀ 婚礼

定情

怒族成年男女在进入社交圈后,经过一段时间的交往接触,明确了自己中意的对象。在交往过程中,男女双方私下约会时相互表示爱慕,若到了婚嫁年龄,就会主动与各自的父母亲坦承,争取家长的认可。如果双方家长都没有意见,则可以继续接触,直到认定对方就是终身相守之人,就互赠定情之物。

提亲

定情之后,男方就要主动请媒人选择一个合适的日子,向女方家长提亲。媒人提亲要带一缸自酿的米酒,为"开口酒"。如果女方家长同意婚事就把酒留下。

订婚

订婚前,双方都要尽量争取亲戚朋友的一致同意。而女方则要征得舅舅对婚事的认可。订婚仪式在女方家里举行。男方的亲友团带去四坛或六坛好酒，与女方的亲友团同饮共庆，然后双方再一起商谈聘礼及结婚的日子等，一旦订婚，双方的关系就确定下来，如任何一方反悔，都必须向另一方赔偿双倍订婚费。

结婚

订婚之后一两个月宜结婚。怒族举行婚礼所择良辰吉日一般是属龙或属蛇的日子，而且必须避开逢七、逢九以及属猪、属狗之日。怒族的婚礼欢畅隆重，各地有所差异。结婚当天，男方邀约一些能歌善舞的迎亲队伍，携带酒和彩礼前往女方家接新娘。将新娘接回家门口时，男方主人及赶来庆贺的亲友邻居，就斟满竹筒酒来敬贺女方的送亲队伍。宾客食用过丰盛的酒肉婚筵后，人们或围在火塘边唱起传统的《婚礼歌》，或在院坝中弹琵琶吹口弦，跳起琵琶舞和锅庄舞，祝福新人婚后幸福吉祥、子孙满堂。其中，男歌手对唱《婚礼歌》是怒族婚礼中最有韵味的情节。

婚后新娘"不落夫家"，要等到怀孕才到夫家长住。

自从基督教传入以后，怒族信徒们都改在教堂举行婚礼，婚礼也简朴了不少。贡山一带的怒族，还有一部分信仰藏传佛教的群众，他们的婚礼要请喇嘛占卜择日，部分礼仪带有明显的藏文化特点。

丧礼

由于地域和支系的不同，怒族的丧葬仪式和习俗各地不一，历史上曾盛行火葬，兼有棺木土葬、悬棺葬等葬式，明清以来多以棺木土葬为主。一般情形下，男性为仰身直肢葬，女性为侧身屈肢葬。

福贡怒族的丧葬一般包括鸣竹号或竹片响器报丧、亲友携酒吊丧、祭歌祭舞悼念亡灵、抛掷木棍定墓地、出殡送魂、掘土入葬等仪式。凡成年男子死时，都要吹竹号报丧。按照民间的说法，吹竹号不仅意在把噩耗告知亲友，还有为亡灵开通通往祖先故地之路的意思。从人死到出殡，每天吹3次竹号（或牛角号），送殡时还要吹一次。传统上，死者为巫师吹4支，头人吹3支，有儿女者吹2支，未婚者吹1支。妇女、小孩死亡一律不吹。对死者的悼念一般由男男女女在堂屋内围成一圈儿，手拉手，边唱祭歌边跳祭舞，然后由祭师卜刀卦，唱诉与死者告别的祭词。尸体入殓时，除棺内垫上棉絮等外，还将死者的衣物等一并装入棺材。出殡入葬时，先由巫师破土挖坟，男性要挖9锄泥土，女性挖7锄，然后其他人培土将棺木盖满为止，最后垒土盖上青石板。如果死者为男性，将他生前所用的弩弓、刀箭、挎包挂于墓旁；如死者是妇女，则将她生前所用的织具和炊具等挂在墓旁，意为死者到了阴间还要生活。送葬当天晚上，同家族的人要围坐在死者家吟唱挽歌，待熬夜至鸡叫头遍时进行分火仪式后才算整个丧葬仪式的结束。

兰坪怒族的丧葬仪式主要包括为死者置放口含银、房顶悬挂白纸条报丧、洗尸入殓、设灵祭奠、出殡入葬等仪式。入葬后的第三天，死者亲属还要携带猪鸡和酒等祭品前往坟地烧香祭奠，第四天由全村男性为死者垒完坟堆才算结束。

贡山怒族的葬式大多为棺木土葬，但有人未死时不能做棺材，人死后还要举行"迁坟"的二次迁移葬习俗。若死者是天主教徒、基督教徒，则由神父做祈祷安葬，并在坟前立一个十字架。整个过程比传统丧葬方式要简约朴素得多。信奉藏传佛教的人则实行火葬，葬时请喇嘛念经超度，并依藏俗在死者坟前插立数面麻布经幡。

福贡怒族没有长期对坟地进行祭扫和护理的习俗。一些地方自下葬之日起就将坟墓弃置不管了，而一些地方则在周年时再祭扫一次，随后也置之不问。兰坪怒族则已经形成家族公共墓地，凡正常死亡的家族成员，都集中埋葬在公共墓地中，每年定期祭扫。

按照怒族的传统观念，凡是摔下悬崖而死、被毒蛇猛兽咬死以及自杀等，都属于非命致死。这些死者的尸体不能抬进房屋室内，只能停在屋外，而且要尽快下葬。下葬这类死者的地方一般都是在离村寨比较远的山上。平时人们应尽量避开这些地方，以免被恶鬼所纠缠。各地怒族埋葬有了身孕的女性死者时，实行母婴分葬制，即将母体中的婴儿剖出来另行掩埋。

第七章
节日庆典
竞技游乐

　　怒族人的庆典大多和自然、生产有关，他们相信是掌管自然的各位神明保佑他们世世代代生息繁衍，每年都会有好的气候和收成。

　　他们还有很多有趣的娱乐竞技项目，"斗角""怒球""顶竿"等等，大都是运动竞技项目，无一不体现了怒族人们独特的创造力和出众的身体素质。

节日庆典

生产节日

怒族一般以物候确定农时,如树木发芽,则开始犁地;布谷鸟叫则撒苞谷、黄豆、高粱种子;高山上的树叶变黄的时候,就该撒大麦、小麦种子,等等。由于各居民点之间的气候差异比较大,农事的安排不尽相同,加上农业生产大都还比较粗放,因此,很难在较大范围内产生比较一致的生产节日。比较有影响的有祭谷神节、祭山林节、求雨节、尝新节等。

祭谷神节 这是原碧江县一带怒族的传统节日,当地语叫"茹蔚",是祭谷神的意思。时间在农历十二月二十九日这一天。参加祭祀活动的人仅限于村社的成年男性,妇女、儿童都不得旁观或介入。当天凌晨,鸡叫过第一遍之后,主祭者和他的助手要绕着村子走一圈儿,招呼大家赶紧起床,祈请先人的魂灵和谷神前来受祭。当大家聚齐以后,主祭者即安排众人杀猪、做饭、煮酒,并派三名小伙儿去砍来金竹、芦苇、青冈栎各一根,插到祭祀场所的中心。一切妥当之后,主祭者及助手各饮下一碗酒,然后,主祭者便开始用一根小棍子去搅手持的一个盛有酒的竹筒,一边搅动一边祝颂,大意是祈求谷神保佑村寨来年物阜民丰、心想事成。

祭山林节 这是兰坪县兔峨乡一带怒族的传统节日。时间一般定在农历正月初四或初五,部分村社则定在清明节前后。节期一天。该节日的核心内容是:以村社为单位,用黑山羊向山林之神献祭,以祈求村社及林木免于火灾之患、人畜平安、狩猎采集及其他生产活动获得丰收。节日当天,人们还杀鸡祭祖先及其他的神灵。这是一个只允许男性参加的节日,禁止女性到现场观看祭祀活动,如有妇女误入或闯入,则被视为不吉。

求雨节 这是今福贡县匹河怒族乡一带怒族的传统节日,怒语称为"夸白",是"敲犁头(祈雨)"的意思。时间在每年旧历年末,也就是十二月三十这一天。

当天一大早，头人或者巫师先派出两个男青年到各家各户将大家预先准备好的一盅酒、一把苞谷砂收集起来。太阳升出来后，村社的成年男性集中到一起。仪式开始时，主祭者将一只鸡当场杀死，把鸡血滴到一个竹筒中。然后一边用根小棍子边搅竹筒中的血，一边祝颂祭祀。祝毕，主祭人将做牺牲用的那只鸡切成若干份，分给村里的寡妇以及其他无人打猎的人家。各家所捐来的苞谷砂在献祭之后，又平均分给各家带回去喂给家中的禽畜。据信，禽畜吃了这些苞谷砂会体壮膘肥、不害瘟病。然后，参加祭祀的所有人在一起会餐。饭后，主祭者第一个去敲打作为法具的犁头，接着，在场的其他人轮流上前去重复相同的动作。这一仪式的目的是祈求风调雨顺、庄稼丰稔、年景饶足、灾病不侵。

　　尝新节　又称新米节，是兰坪一带怒族若柔人的传统节日。大都在每年稻谷成熟的金秋时节举行。节时，各家各户从即将成熟的田地里割下一些稻谷，舂成米，煮成干饭，并杀一只鸡，全家人聚在一起，共吃当年的第一顿新米饭。新米节最主要的特点在于，在家人尝新之前，一定要先将鸡肉和米饭盛给狗吃。待狗尝新后，全家人才许进食新米饭。究其原因，怒族的传说故事普遍认为，谷种是由狗带来的。

宗教节日

　　仙女节　仙女节又称"乃热节"、鲜花节和朝山节，是贡山县一带的怒族群众以朝拜山神、祭奠怒族"仙女"阿茸的方式来祈求神灵保佑人寿年丰，六畜兴旺的宗教祭祀性节日。该节日在每年的农历三月十五日举行。

　　贡山境内举行仙女节的"仙人洞"主要有四个，分别是丙中洛的"信迥乃"洞、"帕姆乃"洞、"登雀乃"洞和

怒族仙女节盛况

捧当乡的"吉姆登"洞。节日当天,怒族男女老少穿上节日盛装,带上早已准备好的祭品和野餐所需的各种食物,手捧鲜花,纷纷汇聚到村寨附近被当地人俗称"仙人洞"的溶洞边,在喇嘛和怒族祭师"纳姆萨"的主持下举行祭拜"仙人洞"的祭祀祈祷仪式。仪式结束后,人们涌入洞中,向传说中的"仙女"阿茸献花、献粮种,并汲取洞中钟乳石上滴落的"神水"泡酒酌饮,相互祝福,载歌载舞,祈保丰收、平安。"神水"被人们誉为"仙奶",带回家洒入种子中,以祈愿来年的粮食获得丰收;倒入醋或酒中饮用,以求得身体安康无病。

关于鲜花节的来历,还有一个凄苦美丽的传说:

很久以前,怒家山寨出现了一个勤劳聪明、心灵手巧的美丽姑娘阿茸,阿茸姑娘因受蜘蛛网的启发,在怒江上架起了第一根溜索,为怒江两岸怒族亲友的交流往来带来方便。垂涎于阿茸美色与聪慧的怒族头人便携重礼求婚,遭阿茸姑娘的拒绝后,恼羞成怒的头人领着家丁前来抢婚,阿茸逃入山林中的溶洞中,被抢婚的头人活活烧死在洞里。人们为了纪念坚贞不屈的阿茸姑娘,就把她遇害的农历三月十五这一天定为"乃热节"来纪念她。第二年,当人们去阿茸姑娘遇害的山洞前祭奠时,发现周围山坡上开满了杜鹃花、兰花等鲜花,因此,怒族人民又把"乃热节"称为"鲜花节"。

怒族仙女节盛况

近十几年来,由于地方政府加大宣传、积极引导,"仙女节"已经逐渐成为当地多民族共同欢庆的节日,而且节期正是五一节前后,怒江流域尤其是有"人间仙境"美誉的丙中洛一带,鲜花盛开、风光如画,吸引大量游客慕名前往观看节日盛况、领略怒江美景,更使"仙女节""鲜花节"以及怒族文化蜚声域外。

由于"仙女节"影响在扩大,加上现在怒族群众自由支配的时间多了,各地节期也就相应延长,有的地方长达数天数夜。活动的内容也不断丰富,除了朝拜、聚会、跳舞以外,现代歌舞活动以及其他文化娱乐活动如球类、棋类比赛也逐渐成了节日生活的必备内容。丙中洛一带,群众利用猪槽船这一常用的交通工具来开展比赛活动,那热烈欢快的场面一点也不亚于内地的龙舟比赛。

佛诞节 时间与鲜花节相同,都是农历三月十五日。相传这一天为佛祖释迦牟尼诞辰。由于贡山有部分怒族信仰佛教,所以,人们把鲜花节和纪念佛祖诞辰两个节庆组合到一起。过节时,由寺院的喇嘛组织活动,除了鲜花节原有的到溶洞中祭祀仙女以外,还加上喇嘛的念经弘法活动,而且节期延长到十八日。

佛诞节期间,喇嘛的念经弘法活动

跳神节 时间在每年腊月下旬，节期有3天3夜、5天5夜、7天7夜，各地不尽相同。贡山怒族信仰藏传佛教的群众对这一节日非常重视。节日期间，丙中洛普化寺是节庆的中心，广场中央用面粉为原料树起一根柱子，作为节日的重要标志之一，喇嘛集中到寺里打鼓、念经、跳神，周围地区的群众纷纷前来布施酥油粮食及其他财物，并观看法事活动，十分热闹。最后一天，跳神、念经接近尾声时，将面柱烧塌，节日也宣告结束。

度戒节 这是信仰藏传佛教的怒族群众所过的传统节日。时间在每年农历腊月二十五日。按藏传佛教规定，教徒家中凡有两个以上儿子，都应当将其中一名送入寺院为僧。因此，腊月二十五日这一天，那些有条件适合的孩子的家庭，都要邀集一些亲友，一起把孩子送到寺院去接受度戒仪式。受戒后，家长将孩子领回，请人授经，取得"扎巴"学位后就可以入寺当喇嘛。这一天，有孩子接受度戒的人家，往往要备酒食招待前来祝贺的亲友。

> **知识链接** **扎巴** 藏传佛教格鲁派制定的学制，即先显后密的学修次第和循序渐进的学习程序。一个初入寺院的学经僧人叫"扎巴"，进寺后须举行拜师仪式，要找两位教师，一位是生活教师，一位是文化教师，前者负责生活起居，后者教授寺院规章制度和基础文化知识。

圣诞节 这是基督教纪念耶稣诞辰的重大节日。基督教传入怒族地区以后，圣诞节作为基督教文化的一个组成部分，也受到

在教堂过圣诞节

信教的怒族群众重视。不过，怒族教徒所过的圣诞节，实际上是基督教文化外衣所包装的怒族春节。在很多地方，怒族群众把民族传统节日"过年"与圣诞节"嫁接"在一起。节日期间，除了通常的宗教礼拜活动以外，怒族群众一般都杀猪宰羊欢度节日，并举行各种节庆活动。

庆贺节日

如同汉族的春节一样，各地怒族都有过年的习俗。但过年时节一般选择在农历十二月五日至翌年正月十日间举行，有的在元旦时节，有的在春节前后，各地互不统一。节期最短3天，长者可达十余天。民间相传，怒族早期要等三年才过一次年，每次过年节期12天。后来受到周邻民族的影响，才有了每年都过年的习俗。

每年即将过年，各家各户不仅要"洒扫庭除"，把周围环境收拾一新；置衣添妆，准备参加各种活动；而且须预先备足过年用的柴草、酿够杵酒、宰猪备肉、舂好糍粑，所以，村社里是一派欢乐的繁忙景象。除夕之夜，各家都要请家族或村社中的长者以及近亲吃饭；晚宴前，要先将各色食饮向家宅之神——三脚架献祭，然后才开始吃年饭。饭后，一家人围坐火塘边聊天，闲不住的年轻人则任其出门邀朋引伴。到凌晨听到第一声鸡叫后，年轻人即背着自家的水桶争先恐后地赶到水井边去打"祖先水"。据说，"祖先水"可保阖家吉祥如意，越先打到即越有福气。初一到初三，有一些禁忌：各家各户自己吃喝，不串门，不请客；吃饭不喝汤，喝汤会造成灾异天气，影响年成，等等。

过年期间，村社之间相互邀集，年轻人一般要举行射弩、摔跤、荡秋千等比赛，或弹琵琶跳舞娱乐。老年人则围着火塘唱古歌、讲故事、饮米酒。

新年的第七日，民间认为是女性的命日，不能劳动，须休息一天，所有家务由男性操持。第九日，则是男性的命日，妇女们也要全心伺候自己家中的男性成员。

贡山一带的怒族在新年的第一天，要犒劳家中的得力劳动帮手：狗和牛。主人要向它们行半跪礼，并给它们喂肉和油煎饼。当天，晚辈要给长者送油条和酒以示拜贺新年。

近年来，怒族民间过年的内容越来越丰富。年轻人将各种现代文化娱乐方式如歌咏比赛、球类比赛、棋类比赛等等引入节庆活动中，各级政府组织的各种文化下乡活动、基层社会团体发动青年团员自编自演的文艺节目很受群众欢迎。同时，由于闲暇的增加，不仅现代文化娱乐节目越来越受到人们的欢迎，人们欣赏民间艺人表演的传统歌舞的兴趣也越来越浓，一定程度上也带动了传统文化的复苏。

竞技游乐

怒族居住的区域山高水险，交通不便，环境闭塞。但乐观而富有开拓精神的怒族同胞，用智慧开创和积累了许多具有地方性和民族特点的竞技游戏娱乐活动。

拔河比赛 ▶

抱石头比赛　　　　　跳绳　　　　　丢石头比赛

怒族竞技游乐的项目和内容非常丰富，人们不但把唱山歌、弹琵琶和口弦、跳各种模拟舞蹈等歌舞活动以及射弩、荡秋千、溜索渡江、摔跤、划猪槽船等体育活动作为娱乐项目开展外，还传承沿袭了打竹筒"电话"、下"母猪棋"、打核桃、打棉球、捉迷藏、"跳虎背"、双手走路、走高跷、"日姆逗"猜卦、玩竹管水枪和"趴趴枪"等娱乐项目。这些游戏娱乐活动和竞技角逐项目，或有开发智力之效，或有强身健体之功，更有童趣嬉戏的无尽欢乐，给深山峡谷中的怒族人民增添了几多生活的情趣。

射弩

这是在怒族中有广泛群众基础的体育活动，多在节日及大型集会中举行，参赛人数不限。早期的射弩是一种游戏，做法是由任何一个人将粑粑、肉片或竹箭作为靶子固定在一个地方，参加游戏者站在一二十米外用弩弓向靶子射击。谁射中"靶子"，靶子就归谁所有。反之，如射不中靶，射出的箭则归设靶者所有。在这项活动中每人都可以是射手，也可以是设靶者。现在怒族将它发展为正规的体育项目，靶子是标有环数的木制标准靶子。射弩可采用立式或跪式。参加者不论性别。稍有不同的是，针对男选手的标准要比女选手高一些。怒族的射弩水平在我国同类项目中居于前列。

斗角

怒族的斗角起源于对羊、牛打架的模仿。共有两种形式：一

怒族竞技运动——斗角比赛

种是以头相顶，另一种是以肩相抵。比赛在平整的场地中进行。比赛时，选手以双手撑地，不过，手脚均不能抓顶有助力的东西，然后用头与头，或肩与肩互抵，谁被顶出界线则为输家。

爬竹竿

这项活动多在年节时举行。具体做法是：将一根长二丈左右、手能半握的生竹子去净节结和枝杈，在上面涂上油脂，然后牢牢地植插场地中央。选手赤脚徒手向上爬竿儿，以最先爬到竿儿顶触及标志物为胜。

顶竿

这是深受怒族年轻人喜爱的传统体育活动之一。比赛实行单人制和双人制，有些气力超群者也可以以一敌二、以一敌三。方法是在地上画一圆圈，比赛双方各站在一个圆中，双脚分开，用双手紧握住竿儿的两头。顶竿时可拉、可推、可压、可挑，以将对方顶出圈外或摔倒为胜。这一活动要求参赛者不仅要有力气，同时还要有技巧。

跳竹

这是一种怒族式跳高。多在春节及农闲时举行。比赛地点多在田间地头或村寨之中。不论男女均可参加。具体方法是：将生竹子去净枝杈竹节后对半劈开，把其中一片削尖两头，弯成弓状后插于地中。比赛时，选手要从弓的顶部跃过去。跃高者获胜。

踢脚

踢脚是一项要求体力和技巧的体育活动。由于"踢脚"本身有很强的攻击性，故它要求参赛双方的年龄及重量级要基本相当。参赛形式可以是单人的，也可是双人的。方法是参赛者在一块平地内，用脚将对方踢倒就为胜者。这一比赛绝对禁止参赛者踢对方的阴部。另外，如用手或借外力的行为在比赛中出现，也被视为犯规。

怒球

怒球有两种，一种是用麻线将破布或草缠在中间，裹成一个直径为十多厘米的圆球。另一种是用篾青编制而成。这两种球的弹性均较好，它们虽不如皮球，但均可供拍打。怒族玩怒球的方法也有两种。一种是将篾片弄成圆圈，固定于墙、篾笆或树上，将参赛双方分为两队。比赛时，对方用球往竹圈里投，投进一个积一分，积分多则为胜方。另一种方法是在平地中间画一条界线，分为两个半区，每队站3至5人，各据一方。两队隔界互相抛掷，打不中对方的队员或将球丢在自己界内则判为输球。

滑草

在怒江大峡谷中，有不少长满茅草的山坡可供青少年玩耍。怒族滑草的方法是，在一块长3尺、宽2尺左右的木板两边各穿一节3尺多长的粗龙竹竿儿，竹竿儿要比木板长五六寸，专供手扶脚蹬。比赛时，参赛者要从坡顶往坡下滑，在滑坡的过程中，手不能触及他物。按规定，谁先滑到预定地点即为胜方。这种活动惊险又刺激。

劈柴

劈柴原本是怒族日常生活中的一项家务，现在经规范后已成为一项体育活动。参赛的人可多可少，可男可女。形式可以组队，也可是单人赛。赛前，由组织者事先准备好几堆干湿、长短、粗细相当的栗树圆木。比赛的结果要看谁能在最短的时间内按规定将柴劈完。谁花的时间最少，谁就获胜。

搓麻

搓麻原也是怒族妇女家务的一个组成部分，现也成了怒族的一项体育活动。参赛者多为妇女。赛前，由组织者准备好一定数量的麻丝并按参赛的人数平均分成数份。比赛时，选手各自按规定将这些麻丝搓成线。谁在最短的时间内能按规定将所有的麻丝搓成麻线即为胜者。

爬绳

爬绳主要是对参赛者臂力及腹肌力量的考验。比赛时,将一根粗大结实的藤条或麻绳在树枝上系好垂下,选手用双手往上攀缘,但双脚不能在绳上用力,而且要与地基本垂直,谁能在最短的时间内爬至顶端即为胜者。

母猪棋

走母猪棋的方法是先在地上凿大小相同而基本对称的两排小土洞,每排5个,看上去形同猪奶,故名母猪棋。下母猪棋的方法是先在每个洞中各放5颗子。参赛双方各在一边,轮流走子。其方法是一方先任意从己方的一坑中将5子全部抓出,并将这些子照洞下放,每洞只能下一子。然后由对方放。轮到自己时又将

高山顶上祭祀台

另一洞的子抓出继续放完，如有空洞出现，其旁边的子归自己所有，然后再接着走子。最后看谁获的子多谁即获胜。但如果出现两个空洞时，就算输了，得由他人来接替游戏，自己则只能当观众。

第八章
宗教信仰兼收并蓄

怒族人不仅有自己本民族的宗教,还信仰其他外来宗教。但无论信仰什么宗教,他们都祈求平安和丰收。

怒族的本民族信仰,是最原始的、最有特点的。他们信奉自然、神灵和各种动植物图腾,并且有很多民间方法来规避灾难,创造幸福。

雪线下的基督教堂

大体说来，怒族民间宗教信仰呈现出一种兼收并蓄的复合化样态。怒族群众不仅信仰本民族的传统宗教，而且还信仰藏传佛教、基督教。怒族民间宗教与藏传佛教、基督教、天主教不仅同时存在于民族共同体中，甚至还共存于同一个支系、同一个村落以至同一个家庭内部。

万物有灵的原始民间信仰

在人们对生老病死、自然灾害等现象尚未以科学手段揭示其真相之前，面对大自然的神秘威力，在万物有灵观念的支配下，怒族传统上主要信仰以自然崇拜、神灵崇拜和图腾崇拜为基本内容的原始宗教。怒族的原始宗教信仰，以万物有灵观念为核心，人们普遍认为日月星辰、风云雷电、山川河流、奇石怪树等自然界中的万物都

拜祭山神仪式

有神灵，并各自具有某种神秘力量，这些神灵及其所拥有的神力，左右着人类的生死祸福和生产生活的各方面，故而对自然万物顶礼崇拜，频繁举行各种祭祀活动加以祭拜，祈求各类神灵的庇佑。同时，怒族还信奉以动物为主的氏族图腾，氏族成员认为他们的祖先是由某种动物或植物变来的，因而在以蜂、麂子、虎、鸡、猴子、蛇、熊、鸟等动物或植物的名称来命名的氏族中，对这些图腾物种多加推崇和保护。

▲ 藏传佛教烧香炉

怒族民间的神职人员有于古苏、绵安、衣苏和墨苏四种，其中于古苏和绵安被认同是为人们驱鬼治病的好巫师，得到人们的敬仰；而衣苏和墨苏被认为是施法害人的坏巫师，人们大都敬而远之。这些巫师作为怒族民间宗教活动的主持者，除了主持各类祭祀活动之外，还精于刀卜、鸡蛋卜、鸡头卜、手卜、珠卜等占卜。有些巫师身兼氏族或村社头人，在喝血酒、捞沸锅、拔火桩等神判活动中起到主持者或公证人的作用。相比较而言，怒语称为"南木萨"的于古苏是怒族民间最有影响力的宗教神职人员，他们除了以占卜和施法等巫术活动为人们驱鬼治病，主持氏族或村社的大型祭祀活动外，还能熟练背诵本家族、本氏族的谱牒，

> **知识链接** 万物有灵观、神判活动
>
> 万物有灵观：怒族原始宗教观念中，认为自然界万物都有神灵，山有山神，路有路鬼，都要敬畏祭祀。
>
> 神判活动：神判属于原始宗教范畴裁判性质的活动。过去，怒江傈僳族自治州境内的怒族还有着祖辈世代承袭的习惯法，它是全体社会成员在生产、生活中应自觉遵守的行为规范，怒族人依靠这些习惯法来维持社会秩序及处理各家族成员之间的矛盾，即神判活动。"神判"有抛血酒、吃血酒、捞油锅3种形式。以此方式解决家庭纠纷、房地产买卖以及伤残或死亡事件的处罚等，原被告双方均希望神明验证谁是谁非，以求解决问题。

熟悉本民族的迁徙历史，是怒族传统文化的继承者和传播者，深受人们的尊敬推崇。

自然崇拜

自然崇拜在怒族民间有着悠久的历史。关于天体和天象崇拜，按照怒族民间的说法，天地原是混沌一片，后来天帝派了九个神去打造天，七个神去打造地，世界才有了天地之分。天有九重，每重天上都住着一位美貌仙女，她们的喜怒哀乐，变幻成复杂的天象；地有七层，大地像一块巨大无边的平台，由九根巨大的柱子支撑着。每根柱子上都拴着一只金鸡一只银鸡。当金鸡和银鸡安静或者平稳地活动时，大地就安安稳稳的；当它们闹腾不宁的时候，大地就会出现滑坡、塌陷、岩崩、地震等现象。

怒族的动植物崇拜还有一些可辨的痕迹。如福贡县匹河等地的怒族曾普遍认为，怒族是一个名叫孟已崇的女性始祖所繁衍的，她本身是蜂与蛇结合所生，她成年后又与蜂、虎、蛇等婚配而生下蜂虎蛇等氏族的先祖，其他氏族则是在这几个氏族分化过程中出现的。各地怒族还有以动物作为宗支名称的现象。

鬼神崇拜

在怒族传统观念之中，"鬼"和"神"尚不能明确加以分辨，经常与人类"接触"的大多是"鬼"。如在贡山一带阿怒支系怒族中，经常被人们祭祀或提防的鬼有十余种，如山鬼、水鬼、树鬼、石鬼、路边鬼等等。人们经常祭祀的"神"被称为"吉米达"，即岩神。民间认为它"掌管"植物生长、动物繁衍、人类婚姻与生育、呼风唤雨、差遣鬼灵，等等。所以，阿依人无论耕作、狩猎、祈雨、生育、婚嫁，都要祭祀这种神。

魂灵崇拜

怒族民间普遍有魂灵观念。一般认为，男人有九个魂灵，女人有七个魂灵。在正常情况下，魂灵在肉体中。当灵魂离开身体的时候，人就会沉沉而睡、精神恍惚、久病不愈、昏迷不醒。魂灵有其"化身"，如怒苏支系普遍认为绿蜘蛛是人的魂灵的化身，而若柔支系的人则把红蜘蛛看成魂灵的化身，都不能加以伤害。魂灵的最终的栖身之所,是祖先的居栖之地,因此,人死了以后,要将他的魂灵送到祖居地。

巫师与巫术崇拜

在怒族社会生活中,巫师的身影几乎是无所不在的。他不仅是人与鬼神之媒,专门为人们提供灵域鬼界的信息和服务,而且还常常是世俗事务的解助者,是世俗生活秩序的最终保障。从而使自己成为崇拜的对象。巫师因其所具有的本领和各地方言的不同而有不同的称谓。若柔支系的怒族称巫师为"德西"或"巫籥肃";属于怒苏支系的则称巫师为"秘亚娄"或"隅籥肃";阿侬人则称巫师为"尼玛"或"达师";阿怒人称巫师为"南木萨"。

巫术崇拜在怒族社会中十分盛行,从耕作、狩猎等生产活动的种种需要,到婚姻、纠纷等社会生活的各个方面,再到生老病死等家庭和个人生活的一切痛痒,都离不开它。民间认为,宇宙之间的各种事象都是由特定的鬼神所为,没有什么是无缘无故的。要确知某一事象究竟缘何发生,如何解决,必须通过占卜来断定。正式的占卜要由巫师来主持,普通人也懂得几种常用的占卜方法,也就是人们常说的"看卦"。占卜之后,要举行一定的仪式来达到趋吉避凶的目的。怒族的占卜方法很多,比较常用的有"手卦""珠卦""酒卦""刀卦""签卦""贝卦""蛋卦""血卦""米卦""火灰卦""绳卦""鸡骨卦""猪卦""水卦""棉纸卦""烟卦",等等。

外来宗教的传入

外来宗教有藏传佛教、天主教、新教(民间称为"基督教")。其中,藏传佛教的影响以贡山县和西藏察隅县的阿怒支系为主,天主教和新教的影响则涉及阿怒、阿侬和怒苏三个支系的大多数人口。贡山县北部的怒族因受以宁玛派为主的藏传佛教的影响而信奉藏传佛教,并在贡山县北部的丙中洛乡建有普化寺。19世纪末20世纪初,因英、法、美等帝国主义列强在怒江峡谷各民族间开展别有用心的宗教渗透活动,天主教、新教等外来宗教

秋那桶天主教堂

逐渐传入怒族民间，部分怒族民众改信天主教和基督教，贡山的白汉洛、秋那桶等天主教堂和福贡的木古甲基督教堂就是在这一时期修建起来的。

藏传佛教

从现在所见的各种资料来看，藏传佛教是在清朝乾隆初年传到今贡山丙中洛乡一带的，迄今有两百多年的历史。在藏传佛教传入的两百多年间，丙中洛及周围一些地方的怒族群众也有一部分持信该教，但一直未有比较准确的统计数字。根据民间的说法，怒族所持信的藏传佛教并不属于同一个派系，而是分属

藏传佛教寺庙——普化寺

"噶举""宁玛""萨迦""格鲁"和"必布"五个派别。"噶举派"势力较大。普化寺即属于"噶举派"。藏传佛教在现阶段已经几乎完全民间化了。

> **知识链接** **藏传佛教噶举派** 噶举派形成于藏传佛教"后弘期"，是由玛尔巴译师开创。噶举派是藏传佛教的宗派之一。藏语"噶举"中的"噶"字本意指佛语，而"举"字则意为传承。故"噶举"一词可理解为教授传承。

天主教

天主教是19世纪末由法国传教士任安守传入怒族地区的，其影响主要集中在贡山县境内的丙中洛、捧打、茨开几个乡镇。民间流传的是用藏文翻译的《圣经》。教徒守持的教规有"四规"和"十诫"。教徒日常的宗教事项包括：每天临睡前、起床后要祈祷；一日三餐的餐前餐后要祈祷；有患难、遇诱惑时要祈祷；劳作之前要祈祷；自觉有罪时要向神父做告解。在一些重要的人生关口，要举行宗教仪礼，如：教徒家庭的孩子出生时要"付洗"；结婚时要到教堂举行婚礼，由神父主持；临终时要由神父作"终缚"；担任教职的，晋升教阶时要有"神品"礼，等等。天主教的传入，对怒族的文化、教育、经济、社会生活产生了多方面的影响。

丙中洛重丁天主教堂

新教

20世纪初，英、美、法、德、加拿大、瑞典等国的传教士先后深入到怒江流域传播新教，这些传教士主要分属内地会、浸礼

> **知识链接** 新教"十诫"
> 基督教十诫，耶和华给摩西约束犹太人行为的十诫。
> 1. 不可信仰耶和华以外的神
> 2. 不可为自己雕刻偶像
> 3. 不可妄称耶和华之名
> 4. 不可在第六天之外的第七天工作，这一天应用来祭祀上帝
> 5. 不可对父母不孝
> 6. 不可杀人
> 7. 不可奸淫他人之妻，女人不可与他妇之夫通奸
> 8. 不可偷盗
> 9. 不可作假证陷害人
> 10. 不可贪夺邻人的房屋、奴仆、牛等一切财物

◀ 翻新的丙中洛东风基督教堂

会、五旬节会、滇藏基督教会、神召会等教会组织。其中，内地会、神召会和滇藏基督教会在怒族地区形成较大的影响。教会将玄学化的教义简化为五条，要求教徒守持"十诫"，同时还根据怒族等当地群众的实际情况，有针对性地分别提出十条补充教规。在教会的严格管理之下，这些教义教规对怒族教徒的观念和行为产生了深刻的影响。

传统祭祀活动和禁忌

传统祭祀活动

怒族的传统祭祀活动频繁而复杂。这些祭祀活动迄今依然部分地在民间保留着。

◀ 怒族祭祀的岩神往往在高山顶上

祭岩神 当癫痫病患者发病，或者其他重病患者处于昏迷不醒、神志不清的状况之下，人们往往认为是岩神所为，所以要宰牛来祭祀。祭祀活动由两名巫师来主持，祭祀地点一般是在旷野之中。巫师以患者的口吻祝告：

我砍了大树，得罪了岩神；我动了巨石，得罪了岩神。因此我患了重病，受到惩罚。现在我献上猪羊，以肥牛献祭，求岩神减轻我的病痛，免去我的灾难……

祭夜鬼 怒族民间把"夜鬼"视为专司生育的鬼。如果有人久婚不育或者求男盼女，解决的办法通常是在夜半三更的时候将巫师请到家中来祭祀夜鬼。祭祀所用的牺牲是一头小猪。祝告完毕，求子的夫妇须当场将小猪肉吃完，如有剩余也要投到火堆里烧掉，不得让别人分享。

祭祀"普隅" "普隅"专司风湿关节病痛。由于当地气候湿润，群众生活居住条件又很差，使这种疾病成为怒族群众难以摆脱的病痛。当病痛发作时，民间的做法是祭祀"普隅"。祭祀"普隅"有专门的岩洞，所用牺牲是鸡和猪。参加祭祀的只有患者和巫师，祭祀完毕，要将牺牲都吃掉，剩余的处理干净，不能让其他人尤其是孩子吃。

祭祀荨麻鬼 民间认为，各种皮肤病都是与名叫"尼白于"（荨麻鬼）的鬼有关，患者若想治病，须祭祀该鬼。祭祀的地点在岩洞中，以鸡和猪为牺牲。祭祀时，巫师一边手指大路，一边说：尼白于，大路是你父亲和母亲所在的地方，你回去吧，回去吧，离开这个人的身体回去吧……祭祀用的鸡和猪煮熟以后，巫师和患者当场吃掉或处理掉，不能分给别人，否则会将病传给分享者。

祭祀痨病鬼 怒族将肺结核等难以治愈的慢性病归结为得罪了一种叫"向北隅"的鬼，因此，受到病痛折磨的患者往往要请巫师来祭祀祛病。祭祀的场所一般选在别人不太可能突然闯入的岩洞或者悬崖下。据信，祭祀时若有人闯入，不仅祭祀不灵验，闯入者也会传染上这种病，所以彼此都很忌讳这种不期而遇、不期而至。祭祀时要杀一只鸡、一头小猪来献祭，巫师向鬼祝告："向北隅"啊"向北隅"，这里不是你的地方，你从哪里来，你还是回到哪里去吧，我们宰了猪送你，杀了鸡送你，你还是走吧……祭祀完毕，祭品要当场处理完，不能带回村子。

祭祀"密江"或"米托" 在民间的观念中，人遭遇各种"凶死"的厄运，都是凶死鬼"密江"或"米托"作祟所致。为了避免不幸继续发生，民间的办法是祭祀和送鬼。祭祀时须杀一只鸡、一只羊，巫师用树枝蘸了羊血和鸡血，拂到参加祭祀的人身上，为他们祛除邪气。接着，巫师点上一把用松明捆成的火把，一直把鬼引到死者遇难的地方。

祭天鬼 当有人患了急重病而病因不明，或者做了噩梦、路遇巨蛇，一般要祭祀一种叫"戛戛隅"的鬼（"天鬼"或"庭院鬼"）。祭祀在事主家的庭院中进行，宰杀牛、鸡、猪等禽畜作祭品，院角须插上树枝，院子中央供一碗酒和一块荞面粑粑。巫师做法时，头籀白布或白纸，一只手握住扛在肩上的长刀，一只手拿着一碗酒，祝告：请鬼不要降灾施罚。仪式结束以后，在场的人都来分享祭品。当时吃不完的，要立即处理掉，不得让别人沾染，否则会造成灾祸转嫁。

祭家鬼 家鬼，怒语叫"窑隅"。当病人已处于弥留之际，巫师须通过刀卦来卜问该用什么牺牲来祭祀家鬼，使病人死后灵魂能顺利地离开家宅，回到祖居地。祭祀所用的牺牲可让全村人都来分享。巫师做法时要用怒语祝告：

"窑隅"呀"窑隅"，我们杀鸡来祭祀你，请你把病人的病转嫁给鸡吧，我们拿鸡命来换人命。"窑隅"呀"窑隅"，我们杀了羊来献给你，你把不幸转移给羊吧，我们愿拿羊魂来换人魂……

祭祖 怒江流域的怒族对于祖坟虽然基本没有形成长期祭祀和维护保存的习惯，但是追念先人的仪礼和祭祀方式却是存在的。果科一带的怒族民间，如果家中新近有亲人过世，当家里煮酒时，要在盖锅上放上一双筷子，煮出来的第一杯酒要拿来献祭祖先。过年的年关之夜，吃年饭前，要先将年饭的饭菜酒肉一一祭祀先祖，家长还要将前三代内的先祖名讳一一念到，请他们来享祭，然后全家才可进餐。

此外，还有一些黑巫术性质的祭祀活动。如祭祀"伊隅""伊苏隅""玛日""皮康于"，等等。"皮康于""玛日"这种以维护"诚信""互助"等社会道德为职司的鬼在怒族宗教文化中的出现，具有特殊意义。联系怒族"伙有共耕"的生产方式、家族和村社人际关系中以互助为基本义务以及禁懒忌闲的行为准则，意识形态层面上的专以惩劝为职能的鬼的出现实属必然。它与经济基础相互适应，一方面使社会成员依靠群体生存的权利正当化，另一方面又预防社会成员滋长不劳而获、只讲权利不尽义务

▲ 怒族的传统民间祭祀活动

的不道德观念与行为，从而共同构成了一个既保障脆弱的个体的基本生存权利、又无损于群体的公益和长远利益的比较完整的体制。这种体制，是怒族应付艰难残酷的生存环境的重要文化手段。

> **知识链接** 伊隅、伊苏隅、玛日、皮康于
> 伊隅，管鬼魂的鬼之意。
> 伊苏隅，目标对象的魂灵之意。
> 玛日，惩罚不诚实行为的鬼之意。
> 皮康于，惩罚吃独食等自私行为的鬼。这种鬼有"性别"之分。

禁忌

与传统的信仰方式相适应，怒族民间有大量的禁忌习俗，涉及生产生活的各个方面。

生产禁忌 家庭、家族成员不论老少，在生产活动和家务劳

动中不得偷懒安闲；不祭山神不得开荒，不祭地神不得下种，不祭谷神不能收获，不祭水神不能捕捞，不祭猎神不可狩猎，不祭树神不可砍伐；采摘的瓜果不可任其滚落；收割的谷物不能抛撒；初一、十五以及属猪属猴的日子不得薅锄收割。

行为禁忌 晚辈不得当着长辈的面放屁；小孩子不能躺着进食；孩子不能拿粮食来玩耍；任何人都不能吃独食；禁止捡拾他人遗失在路上的物品；不能偷取盗拿别人财物；小辈晚辈不能坐卧于长辈的铺位；小辈不得在长辈面前说脏话；长辈训斥晚辈，晚辈不得还嘴；火塘中央的铁三角不得用脚蹬踏、不得跨越，不得随意挪移；不得向火里吐口水；别人祭祀的场所不得闯入，祭祀所用的各种物品、所做的各种标记都不得触碰；妇女不得跨越弓箭、背板、长刀；坟茔不得踩踏，墓地不得随便出入。

交往禁忌 小辈晚辈不得直呼长辈的名姓；孤男寡女尤其是未婚男子与年轻妇女不得躲着人众到偏僻处长时间相处，或经常公开追随；产妇坐月子期间，外人不得登门拜访，如势所不免，

盛装欢歌
迎新年

则须持松明火把明火进出；外人不得进入内室或上顶楼；过年期间不得求借或偿还钱物。

性别禁忌　男人上山打猎妇女不能过问；妇女分娩的时候，男人不得在场；新娘不得上顶楼或出入公公婆婆的卧室；妇女不得参与杀猪、杀鸡；不能参加家族祭祀活动。

生育禁忌　怀孕后不能让孕妇背肥料等脏东西；孕妇不能砍活麻、割茅草，否则会难产、死胎，即使生出孩子也易夭折；孕妇不能过江、渡河，否则将来孩子会被水冲走；孕妇不能砍活树生柴，否则自身难保；下雨后或者满月前不能出门，否则会撞上风湿鬼；孕妇应尽量避免看见长相怪异的动物如猴子等，否则生出的孩子会丑模怪样；孕妇不能到山洞或者阴森可怖之处，否则会遇上鬼；孕妇不能进仙人洞，否则会触怒山神；孕妇不能坐到家翁的位子上，否则老人打猎会晦气；产妇坐月子期间不能用凉水洗脸，等等。

第九章
民间艺术
口承文化

　　除了没有文字,他们应有尽有。他们的语言十分丰富,各个支系的语言都不一样,甚至各支系间不同村寨的语音都不尽相同。
　　他们有讴歌怒族先辈的诗歌,有神奇美丽的古老故事,有发人深省的寓言,有热烈潇洒的民族歌舞。他们是能歌善舞、勤劳勇敢的怒族人。

代代相传的口承语言

语言是人类重要的交流工具，是民族识别中的主要依据之一。怒族有自己的语言，怒语属汉藏语系藏缅语族，但怒族的语支如同它的族源一样复杂。现今在民间使用的"阿侬"语、"阿怒"语、"怒苏"语和"若柔"语等四种语言，分别与彝语、景颇语和独龙语有内在联系，故至今在怒族语支的定位上尚没有权威的统一定论。本族和外族的专家学者基本认同的看法是，"怒苏"语和"若柔"语属彝语支，贡山"阿怒"语和福贡"阿侬"语属景颇语支。

上学路上

怒族语言有十分显著的区域性差异。这种差异与族源的多元性、地理的隔绝性以及族际语言、环境差异等多种因素有关。就怒语本身来看，阿怒、怒苏、若柔三种方言之间几乎互相不能通话；福贡怒族从语言上还可分为阿侬、怒苏两个地方语种，相互间的差异比较大，而且，由于阿侬人多操傈僳语，所以两个方言之间的实际语言交流也存在困难。就语言的使用情况看，由于怒族各支系在所在区域都属于弱势群体，因此，在与地方性强势族群的交往当中，逐渐形成了以本族语为主、兼通本地方强势语言的语言使用特点，除了普遍兼通傈僳语以外，贡山一带的怒族还兼操藏语，福贡的部分怒族还兼通勒墨语，兰坪一带的怒族还兼通白族语。而且，随着怒江流域对外开放程度的不断加深，以及现代国民教育的推广和现代传播手段的影响，越来越多的怒族群众尤其是青少年的汉语听说能力也在不断提高。目前，怒族民间的语言分层现象比较明显。一般来说，青壮年和少年儿童的兼语能力强于老年人；男性兼语能力强于女性；交通通信条件越现代化的区域和人群兼语能力强于闭塞的区域和人群。从语言的发展趋势来看，汉语的使用越来越普及，并呈现出取代傈僳语而成为族际交流工具的趋势；由于长期的兼语和语际交流，怒语中的借词现象、混杂现象越来越突出。

具体探讨怒语内部的方言特点，其情形大致为：阿怒语与独龙族语言比较接近，但究竟属于藏缅语族的何种语支，尚无定论，使用的人数有4 000人左右；怒苏语属于彝语支，使用人数接近1万人；若柔语与彝语支有明显的亲属关系，但与景颇语的载瓦语、缅语等在语音和词源方面又存在部分的接近，使用人口大约为2 000人；阿侬语使用的人数比较少，大约只有不到1 000人。

贡山阿怒语

从民间口碑资料来看，贡山怒族与独龙族有同源关系。反映到语言关系上，两个群体之间的关系也很亲密。根据有关专家的调查与研究，同时根据地方干部群众的反映，贡山阿怒语与独龙语完全可以通话。在词汇方面，根据学者们对459个词的比较，认为其中语音、词义完全相同的约占40%，词义相同、语音接近的约占33.3%，其余26%虽然有较大差异，但都有显著的对应规律。从语法现象上看，阿怒语与独龙语基本相同，有八个较显著的特点。具体表现为：第一，它有15个复辅音：pl、bl、

有关怒族研究的书影

ml、tl、dl、kl、gl、pt、bt、mt、tt、dt、kt、gt、xt；第二，辅音分清浊；第三，送气音很不发达；第四，元音分长短；第五，辅音韵尾多至8个，而元音韵尾部却少至1个即—i；第六，有高、低两个声调；第七，语序是"主语+宾语+动词"，例如："我酒喝"（我喝酒）、"你什么干？"（你干什么？）；第八，动词有表示人称、数量、陈述、命令、使动的形态变化，表示疑问的方法多用疑问词；不同类别的名词分别有不同的量词相搭配，如：gio（个），指人；meij（个），指物。

贡山阿怒语与福贡阿侬语、独龙语部分能通话，语法也基本一致。根据专家们对459个阿侬语及独龙语的词汇的比较，其中语音、词义完全相同的词约占10%，词义相同、语音相近的约占25%，部分能通话。但阿侬语与阿怒语的词汇差别很大，两者之间很难直接沟通。

怒苏语

怒苏语的村际语音差别较大，按地域可将其划分为三种次方言，即北部方言、中部方言和南部方言。北部方言也称瓦娃–空通方言，地理区位相当于瓦娃、空通、友夺罗一带。中部方言也称知子罗–老母登方言，地理区位相当于知子罗、老母登、棉谷、沙瓦、子楞一带。南部方言也称果科–普乐方言，地理区位相当于果科、普乐、同坪、架究一带。

怒苏语有60个声母，其中单辅音声母45个，复辅音声母15个；韵母有85个，其中单元音韵母38个，复元音韵母47个。有四个声调。

怒苏语的词汇由固有词及借词两大部分组成。借词主要来源于汉语和傈僳语，部分源于勒墨语、缅语及藏语。其构词方法主要有派生法、拟声法、重叠法、合成法及四音连绵构词法等五种，其中以合成法为主，次为派生法。

怒苏语汇可分为名词、数词、量词、代词、动词、形容词、副词、助词、情感词、连词等十类。基本句法为：主语——宾语——谓语。名词、代词作定语时位于中心词之前，形容词、数量词作定语时位于中心词之后。

若柔语

若柔语没有明显的地方性差异，各村寨之间仅在语音和语调上有微小的区别。它与彝语支有亲属关系，与载瓦、缅、阿昌等语言有部分同源词，语音特征也有部分接近。但学术界对若柔语的研究不多，其语支归属等问题尚无结论。

若柔语有25个辅音声母，33个韵母。其词汇由固有词及借词两大类组成。借词主要来源于白语和傈僳语。借词方式以音译为主。

若柔语的词汇主要是单纯词和合成词。单纯词分单音节词、双音节词、多音节词三类。合成词可分为复合式和附加式两大类，复合式又分为联合关系、修饰关系、主谓关系、动宾关系、动补关系等；附加式有前缀和后缀，其中后缀的表意功能最强，如加 pe 表复数，加 zo 表阳性，加 mi 表阴性，加 nia 表小、乖巧等，加 lo、la、pho、to 表阳性，等等。

若柔词汇可分为名词、动词、形容词、代词、数词、量词、副词、连词、助词及叹词等十类。若柔语的基本句法为：主语十宾语十谓语，或宾语十主语十谓语。

> **知识链接**
>
> **彝语支** 汉藏语系藏缅语族的语支之一。包括彝语、哈尼语、傈僳语、纳西语、拉祜语、基诺语等。主要分布在中国的云南、四川、贵州、广西等。国外主要分布在越南、缅甸、老挝、泰国境内。
>
> **景颇语支** 汉藏语系藏缅语族的语支之一。目前公认属这一语支的只有景颇语。也有一些学者主张怒语的一部分以及独龙语、珞巴语也属于景颇语支。景颇语支语言的特征介于藏语支、缅语支和彝语支之间。

民间口头文学

怒族创造和传承了内容丰富、体裁广泛的民间文学系统，但因没有文字，怒族的民间文学都是以口耳相传方式世代传承下来的口头文学。

怒族的民间文学包括神话传说、故事、诗歌、童话、寓言和

有关怒族的书影

谚语等，其中以诗歌和故事较为突出，神话传说也占有一定比例。诗歌大都即兴编唱，具有浓厚的生活气息和民族特点。通过对狩猎活动的描写来叙述怒族历史发展的长篇叙事诗《猎神歌》，便是其中的典范之作；而流传较广的《大力士阿洪》《茂英充》《猎人与女猎神》《瞎子求医》和《神仙草》等民间故事及《高山和平地的由来》《人猴成亲》《腊塞与龙女》等神话传说，或讴歌怒族先民与大自然顽强斗争的精神，或描述和阐释怒族的来源、天地万物的起源等问题，充分反映了怒族人民的聪明才智。

新中国成立后，随着文化教育的普及提高，在党和政府的培养下，怒族民间产生了诸多文学新人和文学创作人才，以小说、诗歌、散文和戏剧为主的作家文学作品，如小说《女岩神祭》、诗歌《唱出最欢乐的歌》、散文《雪山牧场情》等不断刊出发表，《怒族民间故事》《怒族歌谣集成》等传统民间文学也经过专业人员的收集整理而得以出版。

大自然是怒族人民进行口头文学创作取之不尽、用之不竭的资源。经过世代积累和加工，在怒族民间，形成了一个以自然万物万象为题材、充满想象力的文学体系。

以自然为题材的神话与传说

关于天体的神话和传说，有《天地的由来》《太阳月亮的由来》《星星姑娘》等。

《天地的由来》大意是说：

太古的时候，天和地几乎是挨挤在一起的，中间只有一点点缝隙，缝隙里就是水。天、地、水挨得太近了，水动弹不得，大地也被压得喘不上气来。有一天，水对天说：我们两个来角力，如果我赢了，就请你走开，别再压挤我和大地。天答应了。于是，水和天开始比赛。大地暗地里给水帮忙，天被水推得越来越高。可是，天太厉害了，无论水和大地再怎么努力，也无法将天顶得更高，更别说将天彻底击败。不过，水和大地联手斗天，力量非同小可，天也无法战胜水。所以，天后来再也无法像原来那样挤压水和大地。这样，天和地就分开了，水和大地关系好，就始终和大地站在一边，流淌在大地的怀抱里……

这个神话对天、地、水的关系赋予极富人情味儿的想象，既有现实生活的经验逻辑，也有纯粹幻想的浪漫。

自然现象的神话与传说有《高山平地的由来》《打雷的由来》《阴晴的由来》《刮风的由来》《地震的由来》《布谷鸟与金八两》《苍蝇的由来》等等。这些故事把人类积累天文知识的过程演绎成一种富于感情色彩的天人感应，表现了怒族人民人本主义的思维方式。

以人和自然的关系为题材的神话和传说

人类起源神话有《腊普与亚妞》《雨水变人》《人猴成亲》《人的由来》《始祖的传说》《蛇和人结姻缘》《三妹与蛇郎》《地神老人》等。

《腊普和亚妞》讲述的是洪水之后兄妹婚配再造人间的故事：

古时候洪水泛滥，人类全都被淹死了。天神看到大地荒无人烟，就派了还没有成年的腊普和亚妞兄妹俩来到人间，繁衍人类。哥哥腊普很有本事，他力大无穷，特别是善使一手弩弓，百发百中，飞禽走兽很难逃脱他的手。妹妹亚妞是个善良勤劳的姑娘。兄妹俩来到大地上没有房子，就住在岩洞里；没有吃的，就去采野果，猎禽兽。日子一天天地过去，兄妹俩也到了谈婚论嫁的年龄。因为大地上没有其他的人，兄妹俩无法同别人成亲。哥哥心里想："现在大地上只有我们兄妹俩，若不结为夫妻生儿育女，人类就要绝灭。为了繁衍后代，我们兄妹应该结为夫妻。"腊普走到亚妞跟前不好意思地喊道：

"妹妹，……"

"干哪样？"妹妹见哥哥有些害羞，说话吞吞吐吐，疑惑地问。

"妹妹，我有件事想和你商量，就怕你不答应。"

"哥哥，有什么事，你尽管说吧。"

"妹妹，你我都长大成人了，该成亲了，可是世上只有我们兄妹俩。我想，只有我们兄妹结为夫妻，生育下一代，人类才能繁衍。你说行不行？"

妹妹听了很是害羞，说："你是哥哥，我是妹妹，世上哪有兄妹结为夫妻的道理呢？"

"兄妹结为夫妻虽然不合情理，但你想一想，当洪水把人类都淹死完后，天神才派我们兄妹俩来到大地，为的是要我俩结为夫妻，生育下一代，使人类不至灭绝呀！"哥哥苦苦地劝说妹妹。

妹妹听了，心里在想：是呀，不然天神派我们兄妹俩来到大地干什么呢？但是，我俩成亲，既无人证、又无物证，这可咋个办？亚妞想了一阵，然后说："哥哥，我们兄妹俩能不能成亲，没有人告诉我们；就是要成亲，也没有东西为凭证。是不是你拿弩弓射织布架的四棵桩桩，若箭箭都射中了，我俩就结为夫妻？"腊普答应了，拉弩搭箭，"嘭"的一声，不偏不倚正中织布架桩桩的中央，连射四箭都是这样。腊普和亚妞兄妹俩就结成了夫妻。

几年过去了，腊普和亚妞生育了七个子女，这些孩子长大后，有的是兄妹结为夫妻，有的是跟会说话的蛇、蜂、鱼、虎交配，繁育下一代。后来人类逐步地发展起来，就以一个始祖所传的后裔称为一个氏族，与蛇所生的为蛇氏族，与蜂所生的为蜂氏族，与鱼所生的为鱼氏族，与虎所生的为虎氏族。每一个氏族都有一个共同的图腾崇拜，蛇氏族崇拜蛇，蜂氏族崇拜蜂，虎氏族崇拜虎。

过了好些年，腊普因年老死去了，亚妞用火把他烧掉。没有几年，亚妞又死了，她的子女也是用火把亚妞葬了。怒族火葬的

> **知识链接　图腾崇拜**　图腾崇拜是将某种动物或植物等特定物体视作与本氏族有亲属或其他特殊关系的崇拜行为，是原始宗教的最初形式，原始人相信每个氏族都与某种动物植物或其他自然物有亲属或其他特殊关系，这种动植物即是该氏族的神圣标志，并举行崇拜仪式祭之。

风俗，就是从腊普和亚妞开头的。腊普和亚妞讲的是怒话，他们的子孙发展起来了，便往福贡、贡山等地迁徙，这些地方还有傈僳族，他们的人比怒族多，腊普和亚妞的子孙来到这些地方，光讲怒话行不通了。他们也就讲起傈僳话来。所以，怒话和傈僳话相差不多，而且怒族人都会讲傈僳话。

以动物为题材的寓言故事和童话

童话故事有《黑熊的下巴为什么有块白点》《乌鸦与咕益》《獐子智斗老虎》《麂子背虎头》《兔子除虎》《蜘蛛的笛子》《乌鸦借翅膀》《虎和狗》《烧虎》等作品。这些故事以人与动物诚信互惠的关系为线索，把怒族在长期与大自然打交道的过程中形成的自然生态伦理观表达了出来。

寓言故事有《蚂蚁和蜻蜓》《猴子和老虎》等。这些寓言虽然短小，但言简意赅，有启迪智慧、弘扬美德的积极作用。通过用人类生活经验对蚂蚁和蜻蜓的生活习性进行解读，提出了劳动是生存的前提、未雨绸缪是生存的根本保障的生活哲学。

◀ 有关怒族的书影

以社会为题材的故事

社会是每一个个体赖以生存和发展的基础条件，没有了社会，个体的存在将是不可想象的。但同时，社会又是每一个个体最大限度地追求眼前利益的障碍，是每一种随心所欲的任性生活方式的制约力量。因为在特定条件下，一定的社会群体所拥有的满足个体成员的各种各样需求的手段和能力是有限的，如果任由个体成员伸张个性化需求，社会整体的利益和长远的利益就会遭到致命的损害。因此，如何合理表达个人需要，如何调解个体需求和社会现实条件之间的矛盾，使社会和谐、个体健康，是每一个时代每一个社会都必须面对的问题，也是特定社会中的每一个个体社会化的重要内容。

怒族社会由于社会生产力长期滞后，所以在个体成员的社会化过程中，它所调动起来的旨在规约个体行为的手段也比较复杂多样，其中包括口头文学形式。怒族人民把对于这些问题所进行的世代思考倾注在口头民间文学之中，形成了以探讨伦理问题为核心的包括日常生活行为和态度、情爱、婚姻、家庭、智慧、财富、奋斗等多种主题的故事，智慧故事如《智斗富人》《蜈蚣案》《宝葫芦》《找出路》《除妖》《聪明的小姑娘》《巧娶土司女》《味钱》《巧对富人》《探虚实》；惩戒故事如《弄假成真》《不守诺言的下场》《见死不救的下场》等；伦理故事如《兄弟和好》《婆媳情》《母女俩》《偏心的婆婆》《猎人的妻子》《异母姐妹》《两弟兄》《两兄弟和宝锅》《两姐妹与大蟒蛇》《还是穷女婿好》《可笑的丈夫》《三姑娘》《朋友俩》《三个朋友求亲》《猎人之死》《瞎子求医》《六罐金银》《变花狗的姑娘》，等等；英雄故事如《大力士阿烘》《从膝盖出生的汉子》《拳打五虎的孩子》《卢让让》等；奋斗的故事如《孤儿宰相》《秋明兔的故事》《雪峰洞》《孤儿的奇遇》《木匠的故事》《刮韧的故事》《阿洁白的故事》等；爱情故事如《谷玛楚与吴地布》(《金花和银花》)、《聪明的九妹》《花色姑娘》《望夫崖》《腊塞与龙女》《蝴蝶姑娘》《仙草与公主》《梦中的仙姑》《野媒人》，等等。这些故事虽然情节比较简单，故事展开的过程也不以跌宕起伏取胜，但主题鲜明，含义隽永，迄今依然是家长和长辈对下一代进行道德教育的好题材。

在怒族社会中，青年男女婚前拥有较大的与异性交往的自由，年轻人谈情说爱是得到社会舆论的赞许的。不会谈情说爱或者没有恋人反倒是不正常的事，不仅要遭到同辈的奚落，也会成为社会的笑柄。但是，婚前的社交自由与家长决定儿女的婚姻大事、甚至实行买卖婚姻的社会风俗之间形成了尖锐的矛盾。这种矛盾一般以牺牲年轻人的自由情爱为代价来加以解决。在这种社会背景下，产生了不少以表达年轻人追求忠贞的爱情及美满幸福的婚姻生活为主题、缠绵悱恻的爱情故事。

民歌、谚语等口头文学作品

除了上述各类民间故事以外,怒族民间还创作和世代传承着民歌、谚语等多种形式的口头文学作品。

怒族民歌大多有宗教的内涵和功能,一般多在祭祀活动中诵唱。这些祭祀活动包括耕猎祭祀、年节祭祀、婚庆祭祀、盖屋祭祀、丧葬祭祀,等等。

唱诵时,主持祭祀的头人或巫师一手拿着一块磨石,一手抱着一只公鸡,面对苍天进行祈祷。念诵完毕,将磨石掷到地上,同时将鸡往地上一放,如果磨石断为两截,雄鸡一着地就引颈啼鸣,意味着脚下这片土地是理想的安身之处。

《猎神歌》是怒族在集体行猎之前和狩猎归来之后举行祭祀猎神仪式时必须唱诵的歌。由猎人领唱,所有参与祭祀或庆贺的人都要跟着唱和。据说这首《猎神歌》长达四五百行,现在能将它完整地记诵下来的人已经寥寥无几。它不仅情节生动,结构完整,而且比较详尽地介绍了怒江流域的动物和植物的种类、分布及习性,对于了解相关知识有重要参考价值。

怒族民间的丧葬歌也很有特点。它包括《献牲词》《送魂歌》《引路歌》等相互独立的部分组成。由于各支系的渊源不尽一致,所以歌词的内容也有所不同。民间认为,只有将死者的亡灵送回到祖居地,它才会得到安宁,才不会回来为害人间。因此,要为亡灵回溯祖先迁徙的路径,为亡灵指明去路。

在数百年的农耕生活中,怒族人民也供奉起与农业生产相关的各种神灵,并围绕祭祀农神活动而创作了一些祭祀歌。如贡山县一带的怒族在每年初春即将播种的时候,要举行名叫"楼打初"的祭祀山神仪式,主持祭祀的长老要领着众人唱《祈愿歌》。此外,怒族在举行神判仪式的时候,也要进行祭祀。祭祀时,当事双方各自请来的巫师要分别念诵一段咒语。

歌情颂爱,对于热情奔放的怒家青年来说是发挥他们的口头文学创作天赋的最富魅力的主题。这方面的"作品"大多属于即兴创作,应景而发。比较固定和广泛传诵的主要有《饮水》《种瓜》《采花》等,其中《饮水》最具特色。经过加工创作,《哦得得》等民间爱情歌曲已经被搬上舞台。

《怒族神歌》书影

第九章 民间艺术 口承文化 145

知识链接 哦得得 "哦得得"是怒族民间一首著名的情歌，有不同的小调，多种唱词、唱法，表达了男女青年相互爱慕的真挚情感和对美好明天、美好生活的向往。演唱"哦得得"时，一般用怒族四弦琵琶"达比亚"和口弦"几味"伴奏。民歌"哦得得"主要通过艺人口头传承，目前会演唱"哦得得"的艺人越来越少，流传在民间的曲谱、唱词也开始减少，有的已经在民间失传。

婚礼民歌是怒族民间诗歌的又一重要类型。隆重热烈的婚礼如果没有了婚礼歌，不仅会索然无味，而且也不可想象。婚礼歌既有老人为一对新人唱的祝福歌，还有堪称"怒族婚姻文化史诗"的《婚礼歌》。主婚老人为结婚新人唱的祝福歌大意是：

今天是吉日，
此时是良辰。
你们是天作之合，
你们是男般女配。
神灵将给你们幸福，
祖先会使你们吉祥。
愿你们婚后生活美满，
祝你们将来万事如意：
圈中牛羊成群，
府库金银成堆，
夫妻恩爱到老，
膝下子孙满堂！

《婚礼歌》是婚庆活动中的重头戏，它由《创世》《谈情》《牧羊》《剪毛》《织毯》《迎亲》等6个章节组成。全诗长达3 500多行。《创世》讲述的是天地万物和人类的由来，以及阐发对于生与死、婚与嫁的理解与认识。《谈情》主要讲述的是男女双方从恋爱、提亲到谈彩礼的过程。《牧羊》《剪毛》《织毯》则主要讲述男方为了使婚礼圆满，依照女方所提的要求，经过放牧、剪毛、织毯，做好了一切婚前准备的过程。《迎亲》为整篇诗歌的高潮所在。

《婚礼歌》一般由婚嫁双方所请的男歌手对唱，按怒族的风俗，新娘一方所请的男歌手一般要男扮女装。双方的歌手在新郎家的火塘边设阵较艺，有时要唱上几天几夜。在这样的时候，老年人往往听得如痴如醉。遗憾的是，现在能够唱全《婚礼歌》的人已经屈指可数了，这份文化遗产，亟待抢救和整理。

谚语是怒族口头文学的另一块园地，它以生活万象做比兴，或含蓄优美，或形象生动，具有简洁明快的语言特点，闪烁着怒族人民的聪明和智慧。试举数例：

跟着偷盗人会偷盗，
跟着诅咒人会诅咒。

树高易断尖，
人高难顶天。

好看的脸蛋心底不一定美，
漂亮的弩弓狩猎不一定准。

一人可以挎两把弩，
但不能同时射到两只虎。

野火烧过的山坡最绿。

鸡啄的不一定是粮食，
人说的不一定是真话。
漂亮的人心肠不一定好，
美丽的森林不一定有蜂巢。

话多不顺耳，
吃多不好瞧。

嘴巴粘蜜，
心里歹毒。

交友不交阴阳脸，
娶人莫娶莲花心。

乱吃乱喝肚子疼，
东说西骂逗人恨。

民间音乐舞蹈

怒族是一个既喜爱歌舞、又能歌善舞的民族。

怒族民歌内容丰富，形式多样，主要包括诗歌、情歌、山歌、劳动歌、童谣等。《火塘边坐唱》《若登调》《婚礼歌》《邓邓夺》以及贡山怒族民间因歌曲中有衬词"削拉格"而得名的《拉船歌》《打麦歌》《打荞歌》等"削拉格"体劳动歌曲和《尼莫》《芒锅卡》等"怒日拉"怒族山歌，是怒族民间广为流传的民歌。而带有浓厚原始宗教色彩的《祭猎神调》和《瘟神歌》等诗歌，曲调格律优美，唱词古朴典雅，内容形式完整，大都以琵琶、笛子、口弦和芦笙等器乐伴奏合成，深受怒族人民的喜爱和传唱。

怒族乐器

怒族传统舞蹈大都以反映怒族的生产生活特点、动物的形象和习性为主要内容，舞蹈动作具有极强的模拟性和生动性。其中既有以器乐伴奏的舞蹈，也有无音乐伴奏之舞，既有独舞，也有集体舞。舞蹈动作粗犷豪放，敏捷有力，节奏强劲，具有浓郁鲜明的民族色彩。据不完全统计，怒族的舞蹈多达120余种，包括模拟动物习性的《鸡抖脚舞》《母鸡下蛋舞》《乌鸦喝水舞》《猴子打架舞》和《斗羊舞》等；表现狩猎生活的《打猎舞》《猎神舞》等；反映人们生产劳作的《第一次找土地》《挖地舞》《割小麦舞》《簸箕舞》《洗麻舞》《栽秧舞》《放羊舞》和《扫地舞》等；反映爱情婚姻的《怀念舞》《婚礼舞》《逗趣舞》《接亲舞》和《逃婚舞》等；反映民间艺术创作的《反弹琵琶舞》和《双人琵琶舞》以及《古战舞》《祭鬼舞》等具宗教色彩的舞蹈。

器乐方面，怒族的器乐一般是作为声乐的附属物而存在的，由于乐器种类较少，器乐的发展也受到较大局限。琵琶、口弦、竹笛、竹箫和芦笙等乐器，是怒族在歌舞时用以伴奏的常见器乐种类。其中，怒语称之为"达比亚"的四弦琵琶和被称为"几味"的口弦是怒族最具特色的两种弹拨乐器，是怒族青年男女恋爱时不可或缺的传情表意工具。

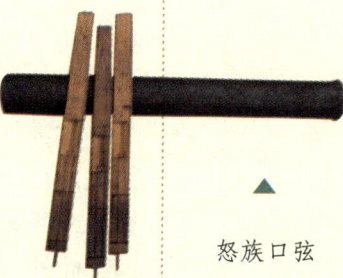

怒族口弦

知识链接

"达比亚" "达比亚"原为三弦，经改进为四弦，它类似于内地的琵琶，属于弹拨类乐器，是怒族青年男子随身携带的心爱之物，是怒族舞蹈的主要伴奏乐器之一，只有曲，没有词。演奏者一般是即兴演奏，旋律变化相对较少，但自由发挥的空间很大，有利于真实、细腻地宣泄和表达出演奏者当下情境的思想感情。

"几味" 即口弦，怒族支系阿侬人称之为"芒弓"，怒族青年女子一般喜爱随身携带。她们常将它装在一个弦筒里，并将其挂在脖子上作为装饰。它是怒族女子向情人倾诉衷肠及平时表达情感的一种最重要、最常用的工具。演奏时，用左手执竹顶头，右手拉线，将弦片以楞位含于口中，靠演奏者的气流使弦片产生共鸣而发声，音的高低及其他变化全凭气流及演奏者手拉的线来控制。其音质低沉、婉转而悠扬。

音乐文化资源

声乐方面，怒族的民歌内容丰富，形式多样。有的人将怒族民歌分为两大类，一类称为"火塘边坐唱的歌"，一类称为"婚礼歌"。"火塘边坐唱的歌"是以氏族和家族的历史以及生产、生活经验为主要内容的说唱文学。这类民歌的特点是：歌词讲求对偶和排比；音调低沉而浑厚；旋律比较简单，以"5""1""6""2"这四个音为基本音调，也就是徵、宫、商、羽的调式。这类民歌一般是在家庭聚会、年节聚饮的时候，由老人来吟唱的，听众多为中老年人，或者是为了助酒兴，或者是为了助谈兴，或者是触景生情，或者是抒发思古之幽情。所以，唱者和听众都离不开酒，尽兴之时则开怀畅笑，至情深处则往往悲声四起。

"婚礼歌"，顾名思义就是婚礼上演唱的民歌。其特点是：旋

怒族弹拨乐器——达比亚

律欢快、流畅、婉转、悠扬；音调简单，以"1""5""2"为基本音调，即宫、徵、商调式；通常由男性歌手演唱，可以以对唱的方式进行，也可以采取一人领唱、众人应和的方式进行；演唱婚礼歌往往要边唱边舞，即现场的人一边应和着领唱者，一边以火塘或篝火为中心手拉手地跳集体舞。

此外，"丧葬歌""祭祀歌"等数十种与生产、生活、宗教紧密相关、有词有调的祝颂词，也可以归入民歌的类型当中。1949年后，怒族音乐工作者在挖掘、整理本民族音乐艺术的基础上，将现代音乐创作手段与民族传统歌曲调式相结合，创作出了一批以歌颂共产党、歌颂新中国、歌颂毛主席及党的民族政策、歌唱新生活为主题的优秀歌曲，如《碧罗雪山开红花》《幸福全靠共产党》《上夜校》《计划生育阿克吉》《家乡变新貌》《歌颂党的政策好》《怒苏喜洋洋》《党的政策好》《我的家乡实在美》《想念老朋友》《他轻轻告诉远方客人》等，其中《歌声飞出心窝窝》《怒江在歌唱》等曲目甚至还在国内外产生了一定的影响。

怒族舞蹈

怒族人民的生活既离不开音乐，也离不开舞蹈。据统计，怒族民间比较流行的舞蹈种类大约有120种。器乐与舞蹈的紧密结合可以称得上是怒族舞蹈的一个重要特点。怒苏支系的舞蹈在这方面尤其具有典型性。一般来说，每个舞蹈都配有比较固定的伴奏乐曲。常用的伴奏乐器是一种"三组合"，即"达比亚""几味"及"独独丽丽亚"。"达比亚"是男性舞者弹奏的，而"几味"及"独独丽丽亚"则是女性舞者使用的乐器。

以男女群舞的集体舞为主要形式是怒族舞蹈的另一个重要特点。舞蹈的场所既有室外的篝火边，也可以是室内的火塘边，或者是住屋的中堂。这种群舞形式能够充分调动现场民众的参与，并能产生很强的感染力，舞蹈的过程常常是高潮迭起，令人忘乎所以。因此，只要闻歌起舞，往往要通宵达旦，而且常常给人以意犹未尽的眷恋。

舞蹈主题多样、舞姿形象逼真、惟妙惟肖是怒族舞蹈的又一特点。从主题来看，举凡迁徙、狩猎、采集、捕捞、耕耘、编织、炊饮、谈情说爱、械斗、宗教祭祀等生产生活的几乎所有方

民间舞蹈
"阿洛西奔"

面都是舞蹈表现的内容。

反映民族迁徙的有《走路舞》《找土舞》等；

反映狩猎活动的有《撵狗舞》《追猎舞》《射猎舞》等；

反映生产劳动的有《挖地舞》《掰玉米舞》《割小米舞》《搓小米舞》《栽秧舞》《割漆舞》《放羊舞》《种树舞》《出工舞》《盖房舞》《打核桃舞》《洗麻舞》等；

反映日常生活的有《饮酒舞》《请客舞》《扫地舞》《孤儿啃骨头舞》《穷人受欺舞》《骂架舞》等；

反映宗教生活的有《祭鬼舞》《祭祀舞》《鬼跳舞》等；

反映爱情婚姻生活的有《找情人舞》《追赶舞》《反弹琵琶舞》《逗趣舞》《对看舞》《欧得得》《迎亲舞》《生育舞》《逃婚舞》等；

以聚会的欢悦为主题的有《青年朋友舞》《高兴舞》《进退舞》《双人琵琶舞》等；

反映战争场景的有《古战舞》《射箭舞》等；

模拟动物百态的有《鸡抖脚舞》《鸡喝水舞》《鸡扒食舞》《田鸡下蛋舞》《鸡找窝舞》《野鸡啄食扁桃果舞》《乌鸦喝水舞》《乌鸦跳舞》《斑鸠啄吃漆籽舞》《斑鸠觅食舞》《江边阳雀舞》

第九章　民间艺术　口承文化　151

怒族歌舞
"双人双琵琶"

《狗撒尿舞》《猴子打架舞》《猴子舞》《斗羊舞》等。

　　从舞蹈动作和姿势来看，怒族舞蹈不以潇洒华美取胜，而以素朴求真、原汁儿原味儿地再现生活为贵。由于舞蹈者一般都有着丰富的实际生活经验和体悟，因此，他们在舞蹈过程中，动作、姿势都十分到位，并且因为熟练、轻松而又透着几分洒脱，这种对生活的再现往往给人以身临其境的真实感和自然感。以《斗羊舞》为例，该舞蹈抓住了山羊善跑、爱跳好斗的习性，一出场就模拟山羊刚从圈中放出来那种获得自由的欢快情景，跑一阵、跳一阵……尽情享受旷野的自由。接着，两只好斗的山羊相遇，各自后退数步，低头扬蹄奋力向对方冲撞，搏斗中，一对对"山羊"互不相让……舞蹈将山羊好斗而且不服输的习性逼真地模仿出来了。再如《割仙米舞》，表演这个舞蹈的一群怒族姑娘，身着艳丽的服装，背着精巧的背箩，相约结伴，来到籼米地里，收割籼米。姑娘们一边走一边收割，眼里洋溢着喜悦的神情，似乎在向人们诉说她们今年又有了好收成……整个舞蹈舞姿欢快、气氛热烈，把怒族人民迎来丰收时节的幸福愉快之情表达得淋漓尽致。又如《追猎舞》，该舞蹈以追撵猎物时吆喝猎狗的两句话的语调音高作为旋律的基础，发展成伴奏乐曲，加上极富节奏感的追猎动作，把狩猎活动的紧张、刺激生动逼真地烘托出来。

怒族舞蹈由于是吹奏与舞动不分家，加上普遍缺乏特别宽展的活动场所，而且舞蹈是集体性的活动，所以舞蹈动作幅度一般不大，主要动作就是腿脚的伸缩、进退、踏步、磋踏，身段的摆动、旋转、前俯、后仰等。但这并不意味着怒族的舞蹈不需要技巧，相反，有的怒族舞蹈的技艺难度极高，如《反弹琵琶》是把琵琶放在背后或肩上弹拨。在《双人琵琶舞》中女演员手抱琵琶按弦，男演员一手搂着女演员的腰，一手拨弦，其难度可想而知。

几十年来，经过文艺工作者发掘、整理和再创作，一部分怒族传统舞蹈以崭新的面貌展现在世人面前，比较有影响的剧目有《斗羊舞》《双人琵琶舞》《反弹琵琶》《欠吾舞》《怒族姑娘》等。

民间歌舞"找土地"

第十章
传统科技 智慧灵光

　　怒族人在一边祈求神灵保佑的同时，也有一套相当科学可靠的方法，来指导自己的生产、作息，保护自己不受病痛侵害，更有相当朴素的技术来制造自己的生产生活用具。

　　他们甚至创造出了各种精妙的符号和传信方式。在漫长的历史长河中，怒族人民用自己的勤劳和智慧，谱写出了一曲曲美妙的文明之歌。

自然物候历法

历法作为天文科学的一部分，不是与生俱来的。它是人类社会发展到一定历史阶段的产物，是人类在农业生产过程中认识自然、改造自然的智慧结晶。传统上，怒族没有创造和形成具有严格意义的历法，基本上长期处在使用物候历的历史阶段。对天体宇宙的认知也大都蕴含在民族神话传说的字里行间。

耕作的怒族老人

为了生存的需要，怒族先民从事采集、渔猎、游牧或农耕生产时，在日出而作、日落而息的反复生产实践中，对地面上发生的草木枯荣、水涨潮落、雷雨和霜雪的降临等自然现象有所直观认识，通过对周边生存环境的观察积累、认识和了解，总结出了一些自然界的变化规律。在此基础上形成了富于地方民族特色的自然物候历法。

怒族的物候历虽然都以"但候草木以记时岁，耕种皆视花鸟"为特征，但各地又因生存周边生态环境的不同而有别。聚居在怒江北部的贡山怒族把一年分为春耕月、种植月、薅锄月、撒荞月、秋收月、狩猎月、煮酒月、过年月等八个月。而居住在福贡县及其邻近区域的怒族则将一年分为织布月、新生月、雷雨月、布谷鸟叫月、砍山月、烧山月、栽秧月、盖房月、撒荞月、收割月、煮酒月、过年月等十二个月。这些物候历，各月的时间长短不一，对年月日的推算也没有合理的计算安排和严格规定。但在使用现行公历以前，物候历积极指导怒族先民在采集渔猎和粗放农耕等生产实践活动中获取更丰盛的物质收获，发挥了积极作用。

民族民间医药

怒族大都聚居或交错杂居在怒江两岸海拔1 500~2 000米的山腰台地上，碧罗雪山、高黎贡山和怒江等山川河谷自然形成的立体植被和丰富的动植物资源，为怒族人民提供了无以计数的野生药物品种。但传统上，怒族从未形成系统的民族民间医疗体系，他们所认知和使用的药物种类不多，对疾病种类的认识和医治技术的积累把握也较为粗浅，广大怒族民间常流行以杀牲祭神祛邪的方式来祛病消灾。

在不以医病为生，不脱离日常劳作生产的前提下，屈指可数的寥寥数个民间草医，凭借自己摸索和掌握的一两种草药治疗技术为相关疾病人员诊治。怒族民间草医常以当地俗称黑心解的一种草药配以熊胆治疗被浸有草乌的毒箭射中的疮口，以续断、伸筋草、三七、刺梧桐皮等多种草药参合白酒捣成糊状敷在受伤的部位来接骨或治疗跌打损伤，以连根的野蒿熬汤服用治疗痢疾。除了这些疾病的治疗方法外，怒族民间医生还会以放血疗法、火罐疗法、冷敷镇痛法等医治毒蛇咬伤、肠胃不适、感冒等疾病。

昔日怒族地区痢疾、伤寒、霍乱、天花十分流行，如今从州

◀ 民间草药

至县、乡、村已初步建立了医疗卫生网，基本上控制了瘟疫疾病的流行，有效地保证了人民的身体健康。

符号文字

怒族没有自己的文字。识用其他民族文字的人又极少。因此，历史上主要依靠实物符号、刻木结绳和声音等来表达意思和交流感情、传递信息。直到新中国成立前还一直保存着这种古老的信息传递方式。其方式主要有实物计数、刻木传信、火箭示警、吹号报丧、路标示意、乐器邀约等等。

计数符号——实物符号计数

通常用石头、手指、茅草等实物来表示具体数字。当自己的手指和脚趾不够用时便借助茅草来补充。

通信符号——树叶信、刻木传信

树叶信即将树叶、植物的根、茎、花、果及日常生活中的物品，通过巧妙运用实物的读音或独特属性，被人们赋予特定的意义后来传递信息的一种方式。少数民族的青年男女特别喜欢用树叶信来交流感情，怒族也不例外。

▶ 树叶信

刻木传信是一种使用比较广泛、载负信息比较丰富的重要通讯方式。不仅怒族民间用之，与官府之间的远途联络亦用之。用于传信的刻木一般削成剑状。木剑的两刃用于刻记信息。为了增加内涵，便于标识，还常常采取组合方式，如木剑加鸡毛或

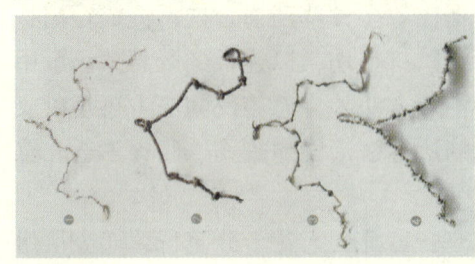

▶ 怒族结绳记事

竹箭，表示是紧急情况，须迅速传送；如再加上松明，则表示须星夜送达、须臾不得延误；若再夹带辣椒，则表示对违误者施以肉体之罚等等。

提示符号——火箭示警、吹号报丧、路标示意

这种提示符号使用的范围小，仅限于兰坪兔峨乡的这一部分怒族。

火箭示警 当遇有敌人来袭、情况紧急之时，村寨头人即用强弩将拴有火团的竹箭射向高空，向村民报警。村民们见到信号，便相互转告，紧急集合应敌。

吹号报丧 比较普遍采用的一种提示通报噩耗的办法。当成年男性去世时，由丧家的其他男性成员或别的男性亲友吹号向村寨的乡邻亲属报信，而不必逐家逐户地通知。所用的丧号有地域差别，福贡一带用竹号，兰坪兔峨一带用牛角号和唢呐。竹号是专用的丧具，由发声的细竹管和一截共鸣竹筒组成。根据死者情况的不同，竹号的组合也不同。若死者是巫师，要用四根竹管来吹；若死者年高德重，用三根竹管来吹；若死者无子女，只用一根竹管吹；一般人则用两根竹管来吹。

路标示意 钻山入林或行猎时常用的通报去向的方法。制作路标可以打草结；也可以砍下一截树枝，用削尖一头指示方向；还可以在比较显眼的树身上削树皮作箭头来指示方向。

邀约符号

怒族年轻人约会常用的邀约方法是吹竹笛或弹琵琶。每一对情侣都有特定的吹弹方式，因此，互不相扰。

刻画符号

1957年初，云南省少数民族社会历史调查组在碧江县一区九村一个被称为"依洛夫"的岩洞穴壁上发现了怒族古岩画，共有7幅图画，共绘有150多个动物、人物和一些示意符号。如○、+、▽等。有学者认为其中的"○"当是记事符号，其他的几何图形、抽象符号已近于象形文字，它主要与其他动物、人物符号一起组合后才表达一定的意思。又有学者认为"+""▽"

20世纪80年代在腊斯底发现的怒族古岩画

字纹是人类史前时代用来象征宇宙空间观念的神圣符号，以及太阳的符号代表和象征。画中的太阳、鱼、鸟、牛、马等图形清晰可辨，笔画简练、线条粗犷、形象生动。20世纪80年代又在果科乡的腊斯底发现类似岩画多处。这些岩画均以赤褐色矿粉和动物血调和的颜料画成，符号图示中隐喻着深刻的内涵，倾注着先民们为了生存而激发出来的全部感情，作为一种承载信息的艺术符号，它当是人类无文字年代反映人类思维的一种重要手段。据学者们推测，以日月山川、飞禽走兽或各种人物形象为内容的这些岩画，属史前的原始绘画，对研究怒族的历史文化具有珍贵的史料价值和艺术价值。

民间手工艺

制陶

陶器的发明，是人类社会发展史上划时代的标志。这是人类最早通过化学变化将一种物质改变成另一种物质的创造性活动。

至今仍在制作使用的怒族陶器

也就是把制陶用的黏土，经水湿润后，塑造成一定的形状，干燥后，用火加热到一定的温度，使之烧结成为坚固的陶器。这种把柔软的黏土，变成坚固的陶器，是一种质的变化，是人力改变天然物的开端，是人类发明史上的重要成果之一。

在希腊语中，陶器的意思是

▸ 至今仍在制作使用的怒族陶器

"由黏土制成的,用火或热使之变硬的器物"。陶器的发明,标志着新石器时代或野蛮时代的开始。所以说,陶器是用高温下物理化学变化来改变自然物的伟大成就,给人类的生活带来了极大的方便。它成为人类日常生活中不可缺少的用具,并促进了人类定居生活的更加稳定。

怒族先民的制陶技艺是人类最古老的制陶术之一。关于怒族制陶的起源有一个传说。相传怒族的祖先在河里看到粘在鹅卵石上的泥晒干后一敲就脱壳而落,其形状与河石相似,而且这些晒干后的泥也较硬,于是他们得到制陶的启示。他们将泥弄湿,待有一定黏度时,再将其糊在河石上煅烧。由于他们多用河石为模,故怒族陶器多为圆底葫芦形。

怒族的陶器为褐色夹砂陶,其制陶设备简单,投资很少,仍然属于极其原始的制陶工艺水平。

> **知识链接** **加车窑址** 怒族有烧制土陶的技术,但均采用原始的手捏、烟火烧制方法。即第一次烧出粗糙的红陶,然后抹上漆油再烧烤成黑陶。加车窑址位于原碧江县(今福贡县)匹河怒族乡加车村南200米处,土窑呈长方形,窑深1.8米、宽2米、长5米,为今福贡县境内唯一的土陶窑址。土窑未作过任何清理工作,遗址保存完好。1989年被确定为县级重点文物保护单位。

怒族制陶工艺流程与西盟佤族的原始制陶工艺很相似，为手捏塑坯和无覆盖物的露天架烧阶段，不同之处在于制陶的性别分工上：怒族人制陶，从取土到加工、制坯、烧成等一系列工序都由男子承担，妇女一般不参与；而西盟佤族人制陶，是由男子担任制坯、烧成等主要劳动，妇女则负责陶土的加工阶段。1958年，原碧江县匹河乡加车村怒族的制陶土窑停烧。但在西藏境内的龙普村却依然经久不衰，并保留了完整的原始制陶工艺。

第一步，陶土的选择和加工。土是制陶的主要原料，必须认真选择，细致加工。一般来讲，"巧妇难为无米之炊"。无论哪个民族，哪个地域，若附近山上没有可以选择制作陶器的黏土，则该民族就难以具有制陶手工艺。关于这一点论断，可以从我国少数民族的制陶，例点上得到证明。龙普村一带的村寨，仅有龙普村人会制作陶器，就因为龙普村对面的山上有制作陶器的黏性良好的沉积土，龙普村对面的怒江西岸怒语称高山，"郭帮山"。土质呈浅黄色，泛微红，其揉性较强，火烧不裂。由于怒江江水的阻隔，到山上挖取黏土时一般采取冬季渡猪槽船过江，夏季过溜的方式，陶土背回后先晾晒两三天，待黏土稍干硬后，捣碎泥土，用筛子仔细筛出细土，放置于桶或盆中待用。

第二步，陶坯的制作。龙普怒族的制坯方法为完全的手制，即为原始的手捏塑坯成形。其制陶工具主要是一块光滑的圆形石头和有条形刻纹的竖形木片。左手握着石头，把陶泥顶在上面，然后用右手持木片转动拍打，形成器物之后，再用手做平底封上，用刀削好平口，需要加耳、加嘴、加盖的另作附件加上。陶坯制成后，一般再在晒台上晒两三天。

第三步，烧制陶器。关于陶器的烧成，考古资料证明，仰韶文化时期已经出现窑温高达950℃~1050℃的陶窑，而在龙普村，则尚未出现窑的形式，烧制陶器为非常简单的"堆烧"，即视泥坯的大小和数量，或架在家用的火塘上烧，或在屋外院坝里架柴烧制，且所烧木柴必须用松树而非其他树种，透火成色根据经验而定，一般把松柴烧完烧尽则陶器就烧熟烧成了。烧透之后，熄火冷却，即成所需要的制品。

龙普的制陶方法为最简单、原始的手制，但其成品却造型大方、做工精细、讲究实用，制型除直桶状器皿外，罐状器皿一般肚大而低矮，罐口平齐。安有手提耳朵的小器皿加盖，加管状直柄。加嘴的安在平口之下，犹如茶壶状，用作背的器皿，则安有穿背带的三个穿耳。器皿边壁细腻，内外光滑，有的器皿外部无刻纹，而有的则有简单花纹。

龙普的陶器远近闻名，故周边邻近百姓不顾七八天山路的遥远，都来此地购买土陶器具，有钱付钱，无钱就用大米、核桃、盐，甚至辣椒来换取陶器。例如：10斗大米换1个酥油茶壶；9斗砂盐换1个酥油茶壶；20斗盐换1个熬酒罐等等。这里的量器"斗"为木制，为怒族人家必需的物品，大小如饭缸，直身桶状，所有怒族人家量斗都一模一样，外形一样，大小也一样，也许就是为了物物交换的方便、实用吧。

龙普怒族陶器制品种类繁多、齐全，凡农家所需的生活用具都能制造。大的如储水罐、背水桶、熬酒甑子、储米罐、煮饭锅、腌菜罐、火锅炉等，小的如酥油茶壶、灯盏、香炉、碗、酒杯、花瓶、药罐等等，龙普的陶具不仅种类繁多，而且能够配套，如熬酒用的全套器具，土陶制成的发酵罐、甑子、冷水锅、接酒罐、储酒罐、酒杯等等。这些陶制品外观精美，做工考究，实为怒族的工艺精品。

> **知识链接** **仰韶文化时期的制陶业** 仰韶文化，中国黄河中游地区的新石器时代文化。因最早发掘于河南省渑池县仰韶村遗址而得名。其分布以渭、汾、洛诸黄河支流汇集的中原地区为中心，年代约为公元前5000～公元前3000年。它展现了中国母系氏族制繁荣至衰落时期的社会结构和文化成就。仰韶文化的制陶业比较发达，制陶技术最能代表当时的手工业经济发展的水平。从考古发现看，各部落都掌握了相当成熟的经验，包括选用陶土、塑坯造型、烧制火候等一系列技术和绘画、贴塑装饰的工艺。黄河中游地区仰韶文化各种类型的制陶业，在近两千年的发展过程中，生产规模和工艺技术非常稳定。总的趋势是泥质红陶和彩绘陶器逐渐减少，灰陶、黑陶的比重越来越大，最终发展到以黑陶为主的龙山文化时期。

编织工艺

怒族在民间工艺美术方面的造诣主要体现在纺织怒毯、篾编竹器等古老民间艺术上。

由于怒族的社会分工不太发达，器具和物品的制作工艺大都

福贡县匹河怒族乡的篾编工艺品

以结实耐用为目的，纯粹的工艺制作尚未从生产生活用品和器具制作中分离出来。不过，经过长期的生产实践，怒族民间也代有能工巧匠，制作工艺也越来越精致化。《维西见闻录》中所谓（怒族）"人精为竹器，织红纹麻布，么些不远千里往购之"，反映了怒族在两百多年以前就已经让外界见识了本民族的男巧女慧。"人精为竹器，织红纹麻布"的怒族，开展家庭手工业的历史比较久远，以怒毯为主的条纹麻布的纺织和各类竹器的手工编织便是其中的代表之作。怒族的麻布纺织全由女性来承担，全部使用腰织机来织成。怒毯的纬线为灰白的麻布本色，经线由黑、蓝、红、白等麻线组成。而这些不同色彩的经线，也是怒族以浸泡着色的方式按民间方法染制而成的。怒族大都使用水冬瓜树皮或鸡血藤浸泡出红色，用锅烟或木炭浸泡出黑色，用怒语称"拉摆"的野花染取青蓝色等。娴熟的纺织技艺和条纹相间的精美色彩搭配，织出了"么些不远千里往购之"的怒毯。

怒族地区竹木资源充足，怒族男子大都以金竹、龙竹为材料，经过剖、削等加工工序制成薄厚不一的各型篾片后，再将篾片编织成篮子、小篾箩、筛子、簸箕、摇篮、篱笆和囤箩等竹器。这些篾编竹器以手工精细、实用美观和经久耐用而著称，以细篾编织的有些竹器密不见缝，可以盛水。

在怒族社会中，男人的手工制作主要是生产狩猎工具、农具、家什、陶器及纺织工具等。怒族的传统手工制品主要有以下几类：竹编，有各种型号的筛子、簸箕、背箩、摇篮、针线箩、箭箩等；陶器，大型的有储粮罐、背水罐、储水罐、煮饭锅；小型的有烧水罐、酥油罐、发酵罐、冰水罐、灯盏、酒杯、香炉等；麻织品，有怒毯、挎包、羊毛袜子等；乐器，有"达比亚""几味""独独丽丽亚""匹丽丽亚"，等等。此外，还有工具如弩、箭、纺锤、织机等。

"怒斯" 即怒碗，这是一种浅篮式竹器，形如盘子，有底圈。大者直径有2尺许，小者直径半尺。它是用怒江特有的长节竹剥削出来的篾片编制而成的。篾片十分匀称、光滑,"怒斯"不论大小,中间都不留接头。过去"怒斯"是用来盛放主食的,所以称为"碗"。现在怒族将大怒斯改作盛粮、面的食器,小怒斯则用来作茶盘、果盘。不过,每到年节设宴时,一般还要用怒斯盛放主食,宾主依旧俗吃手抓饭。

"转扇" 用篾编成的,形圆,直径在二三十厘米左右,扇柄正好是圆形扇面的切线,被固定在一个小竹筒中。使用时,只需摇动竹筒,扇子便会绕着扇柄转动,既省力,又很方便。

"花挎包" 一种做工讲究的麻织品。现在的怒族挎包是在一长方形白布的一面用长、宽一致的各色布料等距离、平行地横嵌在包的上半部及两边,中间留出白布,然后用对比强烈的彩线绣三条与横嵌在包上的条幅相垂直的花纹,这三条彩纹代表山;再在这三条花纹之间用彩线平行地绣上两根直线,这两条彩线代表两条江;底部的两角配缀上两块红布条,不缀穗儿。挎包深、宽各30厘米左右。花挎包色彩鲜艳,既美观又实用。花挎包一般作为未婚女子赠送给情人的定情之物。也是赠送贵宾及知己的一种珍贵礼品。花挎包的制作有一定的讲究:一般来说,给男性使用的挎包要横嵌9片彩布条,妇女的多为7条。

怒族的花挎包有很深的文化含义。包的底部不缀穗儿表示做事干净彻底,绝不留尾巴。而横嵌的彩色布条则表示怒族的历史活动范围,女性挎包上的7片彩色布条分别代表担当力卡山、独龙江、高黎贡山、怒江、碧罗雪山、澜沧江及云岭山系,也就是民间传说的怒族活动的"四山三江"地区;而男性挎包上的9片彩色布条则分别代表担当力卡山、独龙江、高黎贡山、怒江、碧罗雪山、澜沧江、云岭、金沙江及玉龙雪山,据说这"五山四江"是怒族最早的活动范围。现在,碧江的一些怒族还自称是从金沙江一带迁过来的,而且现在的怒语地名中也还有金沙江一带的地名。

"羊毛袜子" 阿侬妇女向爱人传情示爱、寄托情思、赠送情人的重要信物。先将羊毛搓成线,然后再将羊毛线织成袜子。织羊毛袜子比较费时,特别需要耐心。无论是情窦初开的少女,还是名花有主的少妇,往往要花很长的时间才能织好一双。羊毛袜子厚实暖和,是不可多得的有情之物。

第十一章
社会保障
生活变迁

　　社会在发展，时代在进步。怒族人民的生活也在产生着微妙的变化。他们在提高了生活水平的同时，社会保障制度也越来越完善。
　　也许有一些古老的习俗已经不再注重，但怒族千年的历史还在延续，美丽神奇的怒族之歌也永不会谢幕。

政治制度变迁

中华人民共和国成立前,除了怒族若柔支系进入封建社会阶段外,怒族社会基本上处于原始社会末期的发展水平,但怒族生活的社区村落却经历了不同时期的不同社会制度。在原始的父系氏族公社阶段,村社中的重大宗教祭祀活动、重要生产生活安排、与外族的军事械斗及族内各种纠纷的调解等事务,均由氏族或家族中德高望重、办事公道且辈分较高的男性家族长或氏族长来负责组织,家族长或氏族长实际上起到了村社领导兼头人的作用;怒族地区接受历代中央王朝的统治管理后,特别是明代和清代以来,在丽江纳西族木氏土知府、兰州罗氏土知州、维西康普土千总和叶枝土千总,以及察瓦龙藏族土千总的共同统治和管辖下,家族长、氏族长等怒族头人被委任为怒管或伙头,怒族村社经历了比较松散的"怒管及伙头制度"的政治管理,但仍未能把各村寨从政治组织上管理起来。

辛亥革命后,在建立殖边公署的基础上,"中华民国"政府于1914年起在怒族地区推行保甲制度,委任怒管、伙头等怒族头人或富人为乡、保、甲长,管理怒族村社事务,使过去互不

《怒族简史》书影

唯一的怒族乡——福贡县匹河怒族乡人民政府

统属的伙头制度，逐步为统一的保甲制度所代替；实际上在社会事务中，真正起作用的仍是怒族传统社会生活所认可的村社头人制度。当基督教传入怒族地区之后，一些信教的氏族、村社头人，即又顺理成章地成为教会的"马扒"（传教士）或"密枝扒"（管事），这样便形成了具有怒族社会特点的"政教合一"的头人一统制度。

新中国成立后，怒族人民当家做主，废除保甲制度，以互助合作的"直接过渡"形式跨入社会主义，在新型的社会主义民主政治和社会体制下，沐浴着民族区域自治的阳光，怒族人民走上了脱贫致富的康庄大道。

社会经济变迁

新中国成立前，怒族社会各地的社会经济发展不平衡，大都处于前资本主义的各个社会发展阶段。其中，分布在澜沧江边的兰坪县兔峨乡和迪庆州维西县一带的怒族，已进入封建社会，其社会形态和生产生活水平已与周边的汉、白、纳西等族相当。而分布在怒江两岸福贡、贡山等县的绝大多数怒族，其社会发展比较迟缓，基本上还处于原始社会末期的社会发展水平，保留着原始公社制的一些残余。

在经济方面，从行政区域看，兰坪一带的怒族生活水平相对较高，其次是贡山以及福贡江东一片，福贡江西的怒族大部分还没有解决温饱问题。从自然地理区域看，分布在怒江沿岸的怒族，由于所在地区海拔较低，地势比较平缓，交通比较便利，耕地稍多而且集中，耕作条件较好，经济状况也相对较好。高山地带的怒族，由于山势陡峭，气候寒冷，土地贫瘠、分散，交通极其不便，经济状况普遍较差，尤其是20世纪90年代后期封山育林、禁猎禁伐以后，由于没有其他有效的增收措施，山区的生活水平还出现了一定程度的下滑。

与社会形态的发展相一致，澜沧江边的怒族早已进入了以地主经济为主的社会经济发展阶段，生产资料比较集中，人们大都使用铁制农具和犁耕从事劳作生产，有些地主家庭还以出租土地、雇佣长工或短工耕种土地的方式建立了封建剥削关系。如兰坪县兔峨乡吾批江村在新中国成立时共有29户怒族居民，其中有5户地主，只占全村总户数的17.2%，但占有全村水田数的68.8%、耕牛数的61.3%和生产农具的31.3%。

与此同时，怒江两岸怒族的社会生产力水平却还很低，仍停留在原始社会末期的水平。以火山轮歇地为主的耕地占了怒族社区耕地的绝大部分，像"怒尔戈"、斧头和铁犁这样的铁制农具虽已普遍使用，但传统的竹木锄、木棍等简易生产工具仍在民间大量使用着，人们常以原始协作形式和刀耕火种的原始粗放耕作方式在轮歇地上进行劳作生产。但落后的耕作技术和恶劣的自然环境使人们常年处在饥寒交迫与食不果腹的境地，采集、狩猎依然成为人们生活的重要手段和支撑。怒族父系氏族社会发展到后期时，随着私有制和贫富分化的出现，对土地的所有形式也发生了一些质的变化。除了比较边远的荒地和山林还以氏族公有、家族公有及村社公有的形式存在外，绝大部分的可耕田地，均以家族伙有、开荒伙有、共同买地伙有及姻亲伙有的形式被不同群属分别占有。这些共有耕地，怒语称之为"帕辽"，只许占有使用而不许买卖，人们常以伙有共耕的方式在"帕辽"地上进行刀耕火种的协作生产。而那些位于村寨附近的田地，大都已经成为私有耕地，由个体私有和耕作经营。其中，以氏族长或家族长所占有的私有耕地面积为多。"帕辽"地和个体私有耕地的出现，其实反映了怒族社会对土地的分配和使用情况。具体来看，怒族地区的土地所有制形态，到1950年仍保存着原始公有、伙有共耕和个体私有三种。

新中国成立后，1954年8月成立怒江傈僳族自治区（1957年1月改为自治州），1956年10月1日，成立了贡山独龙族怒族自治县，怒族人民获得了解放，实现了当家做主的愿望。中国共产党和人民政府从怒族社会经济发展的实际出发，采取"直接过渡"的方针和互助合作的形式，免费发放铁制农具、耕牛和粮种，帮助怒族人民开展以发展生产为中心的山区生产改造和社会改革，以农业合作化道路实现了怒族传统社会经济向社会主义集体所有制经济的平稳过渡。

十一届三中全会后，随着"家庭联产承包责任制"的推行，怒族人民的生产积极性得到了极大提高，怒族地区以农业生产为主的社会综合经济得以不断发展,人民生活不断改善。进入新世纪以来,党中央、国务院做出"采取特殊政策措施,集中力量扶持人口较少民族加快发展"的重大决策,中共云南省委、省政府2002年下发的《关于采取特殊政策措施加快我省7个人口较少特有民族脱贫发展步伐的通知》以及"兴边富民行动"等优惠政策措施的施行和落实,使怒族地区的农业生产、交通建设、民族贸易、工矿企业发展和文教卫生事业等发生了翻天覆地的变化和发展。以怒族聚居的贡山独龙族怒族自治县为例,2003年,怒族群众人均有粮346公斤,人均纯收入达到948元,是1953年人均23元的40倍。截至2005年底,全县国民生产总值为14 151万元,比1978年的343万元增加13 808万元。按总人口3.46万人计算,人均生产总值达4 090元(493美元),实现了跨越400美元温饱线的基本目标;地方财政收入1 146万元,比1978年的1.6万元增加1 144.4万元;农民人均经济

怒江傈僳族自治州州府六库的一家超市

怒江傈僳族自治州州府六库新区

纯收入814元,比1978年的107.24元增加706.76元;各项税收收入4 594 347.55元,平均年增幅达13.82%。当前,怒族人民在《云南省扶持人口较少民族发展规划(2006—2010)》特殊政策措施的逐步实施落实下,正向"四通五有三达到"(即通路、通电、通广播电视、通电话;有学校、有卫生室、有安全的人畜饮用水、有安居房、有稳定解决温饱的基本农田地;人均粮食占有量、人均纯收入、九年制义务教育普及率达到国家扶贫开发纲要和"两基"攻坚计划提出的要求)的目标奋进。

社会保障完善

新中国成立后,党和政府采取特殊措施,大力扶持和发展怒族地方经济,各种社会保障事业也不断得到发展。特别是进入新世纪以来,在各种惠民政策措施的实施落实下,怒族群众的教育、医疗卫生、人畜饮水、民居改造等社会保障事业得到了前所未有的发展和提高。"十五"期间,怒江州各级劳动保障部门继续加强工作力度,巩固"两个确保"成果,不断完善养老、失业、医疗保险制度等,较好地完成了全州社会保障的各项目标任务。

怒江州幼儿园

其一,就业规模稳步增长,就业结构进一步优化,市场导向的就业机制初步建立。"十五"期间,全州累计开发城镇就业岗位8 924个,城镇新增就业6 900人,促进下岗失业人员再就业1 268人,其中安置"4050"人员200人。农村剩余劳动力转移就业4.24万余人,向州外输出劳动力3.01万人。

其二,社会保险体系不断完善。"十五"末,全州参加基本养老保险的人数达1.12万人，其中享受养老保险金的离退休人员0.24万人。"十五"期间，全州征缴养老保险费总额10 483万元；截至"十五"末，全州失业保险参保人数达1.03万人，享受失业保险待遇0.13万人。"十五"期间，累计征缴失业保险基金2 437万元，支出1 769万元；"十五"末，全州参加基本医疗保险的人数达3.11万人，其中企业0.78万人，机关事业2.33万人。全州累计征缴医疗保险费12 978万元，支出10 505万元；"十五"末，全州参加工伤、生育保险的人数分别达0.46万人和0.44万人。征缴工伤保险基金180万元，生育保险基金131万元。

怒江州劳动力中心市场

六库镇重阳社区服务中心

其三，劳动关系调整和企业工资分配制度改革平稳推进。"十五"期间，全州累计签订劳动合同职工达3.70万人，签订集体合同137份，覆盖职工1.22万人；职工年平均货币工资为11 305元。

其四，劳动保障法制建设取得新的发展。"十五"期间，全州共查处违法案件327件，为5 173名农民工追缴拖欠工资228.8万元，累计对6 214户用人单位进行了执法年检，追缴社会保险费319.8万元。州、县建立劳动保障监察机构5个。

参考文献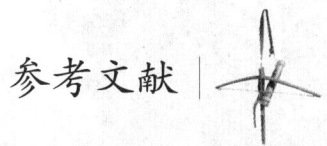

1. 云南省地方志编撰委员会. 云南省志·民族志. 昆明：云南人民出版社, 2002
2. 陶天麟. 怒族文化史. 昆明：云南民族出版社, 1997
3. 罗钰. 云南物质文化·采集渔猎卷. 昆明：云南教育出版社, 1996
4. 段伶. 怒族. 北京：民族出版社, 1991
5. 叶世富, 郭鸿才. 怒族民间故事. 昆明：云南人民出版社, 1988
6. 普利颜. 福贡文史资料选辑（第一辑）//甲努腊觉氏族族源及迁徙传说, 1987
7. 乌丙安. 中国民间信仰. 上海：上海人民出版社, 1996
8. 段伶. 怒江文史资料选辑摘编（上）//西藏察瓦龙怒族社会考察散记. 德宏：德宏民族出版社, 1994
9. 张旭. 怒江文史资料选辑摘编//怒江蜂、虎、荞、木、金鸡五大氏族世系. 德宏：德宏民族出版社, 1994
10. 彭兆清. 怒江文史资料选辑摘编（下）//贡山普化寺的喇嘛舞. 德宏：德宏民族出版社, 1994
11. 李家荣, 彭兆清. 怒江文史资料选辑摘编（下）//丙中洛喇嘛寺简况. 德宏：德宏民族出版社, 1994
12. 李福珊. 怒江文史资料选辑摘编（下）//怒江傈僳族自治州宗教简况. 德宏：德宏民族出版社, 1994
13. 彭恩德, 阿旺, 等讲述, 彭兆清整理. 怒江文史资料选辑摘编（下）//贡山天主教及"白哈罗教案"简况. 德宏：德宏民族出版社, 1994
14. 怒江傈僳族自治州民族宗教事务委员会. 云南怒江傈僳族自治州民族宗教工作情况（内部报告）. 2000
15. 李道生. 怒江文史资料选辑摘编（下）//福贡县基督教情况调查. 德宏民族出版社, 1994
16. 付阿伯, 等. 怒江文史资料选辑摘编（下）//福贡基督教传播史略. 德宏：德宏民族出版社, 1994
17. 伊里亚, 等. 怒江文史资料选辑摘编（下）//基督教在贡山的传播. 德宏：德宏民族出版社, 1994
18. 韩学军. 基督教于云南少数民族. 昆明：云南人民出版社, 2000

19. 何叔涛. 怒江文史资料选辑摘编（下）//碧江果科怒族的原始宗教. 德宏: 德宏民族出版社, 1994

20. 怒江州民族事务委员会. 怒江傈僳族自治州民族志: 第二章"怒族". 昆明: 云南民族出版社, 1993

21. 福贡县民间文学集成卷（内部资料）

22. 杨大禹. 云南少数民族住屋——形式与文化研究. 天津: 天津大学出版社, 1997

23. 高发元. 云南民族村寨调查·怒族——贡山丙中洛乡查腊社. 昆明: 云南大学出版社, 2001

24. 蒋高宸. 云南民族住屋文化. 昆明: 云南大学出版社, 1997

25. 苍铭. 云南民族迁徙文化研究. 昆明: 云南民族出版社, 1997

26. 申旭. 西藏研究: 第一期//藏彝民族走廊与茶马古道. 1999

27. 邓启耀. 民族服饰: 一种文化符号. 昆明: 云南民族出版社, 1991

28. 刘达成. 怒族文化大观. 昆明: 云南民族出版社, 1999

图片提供者

(按姓氏音序排列)

丰卫祥	第 19 页	普路言	第 149 页	第 50 页
封面图片	罗云华	第 168 页	第 164 页	第 51 页
蒋贞	第 158 页（2 幅）	第 171 页（上）	吴世平	第 54 页
第 12 页（左下）	马永生	第 172 页	第 151 页	第 68 页
李秉涛	第 134 页	第 173 页（2 幅）	第 152 页	第 91 页
第 160 页（上）	彭义良	邱文发	第 153 页	第 92 页（上）
罗金合、和伟	第 45 页	第 40 页	张潮江	第 136 页
第 16 页	第 46 页	第 75 页（上）	第 171 页（下）	第 156 页
第 17 页（2 幅）	第 47 页	第 87 页（两幅）	朱卫	其余图片全部
第 18 页	第 81 页	第 148 页	第 26 页（3 幅）	由作者李月英提供

后记

　　从小生活在怒江大峡谷的我们，身边有很多勇敢善良的怒族同胞，从记事开始，就对这个独特神秘的族群十分的好奇：他们为什么会形成这样不同的生活习惯？为什么会有这样特别的节日和祭祀？

　　多年之后，一次偶然的机缘，参加了一个怒族朋友的家庭聚会，又重新提起这些小时候的疑问。朋友的父亲是怒族德高望重的大祭司"南木萨"，用略带民族口音的汉语向我们讲述了一段怒族人世世代代口耳相传的历史。这些故事勾起了我们极大的兴趣，之后的多年，我们往返出入怒江大峡谷，几乎走访了所有的怒族村寨，想把这群勤劳勇敢的怒族人和他们神奇美好的故事收集起来，介绍给更多的人分享。

　　《走近中国少数民族丛书·怒族》一书的编撰让我们的心愿得以实现。

　　感谢辽宁民族出版社张学林老师的邀请和信任，感谢领导和同事们的帮助和支持，还要感谢本书《参考文献》里所有极具价值的书籍和作者，这些前辈和同道们卓有成效的工作给了我们事半功倍的帮助。

　　根据作者各尽其职的要求，本书的第一章至第四章内容由李月英同志撰稿，第五章至第十一章内容由张芮婕同志撰稿。应该说，我们迈出的每一步无一不是各位前辈和师长的指引，于我们而言，只是踏踏实实地跟着学步罢了。

　　在长期的田野考察工作中，得到了怒江傈僳族自治州民委、福贡县民委、泸水县民委、贡山县民委、兰坪县民委等有关部门的鼎力相助，谨此致以衷心感谢。

　　为本书提供部分图片资料的同仁和朋友罗云华、罗金合、和伟、李秉涛、马永生、段明明、丰卫祥、朱卫、邱文发、李晓斌、董菊英、蒋贞、在此一并表示真诚的感谢。

特别要感谢吕明哲先生、张瑾女士、胡蓉女士,为本书的顺利完成提供了种种方便,并提出了一些中肯的修改意见。王琳、田微、邵青、张帆、李艳婷、杨云波、马士茹、张明坚、黄云珠、李旭松、王晶、杨磊、黄素芬等好友为本书提供了许多无私帮助,借此机会一并致谢!

由于接受写作任务的紧迫,更因为我们的学识囿限,难免挂一漏万,不足之处,敬请指正。

李月英　张芮婕

2014年12月于昆明